westermann

fit fürs abi EXPRESS

Erdkunde

Erdkunde

Autorin:
Wiebke Cieśla

© 2020 Georg Westermann Verlag GmbH,
Georg-Westermann-Allee 66, 38104 Braunschweig
www.westermann.de

Druck A⁴ / Jahr 2024
Alle Drucke der Serie A sind im Unterricht parallel verwendbar.

Redaktion: imprint, Zusmarshausen
Kontakt: lernhilfen@westermanngruppe.de
Layout und Umschlaggestaltung: tiff.any, Berlin
Umschlagfoto: iStockphoto.com, Nikada
Druck und Bindung: Westermann Druck GmbH, Georg-Westermann-Allee 66, 38104 Braunschweig

ISBN 978-3-7426-**0114**-8

SO FUNKTIONIERT'S

Fit fürs Abi Express Erdkunde hilft Ihnen, alle prüfungsrelevanten Themen schnell und effektiv zu wiederholen. Sie finden hier einen **kompakten Überblick** des gesamten Abiturstoffs, mit dem Sie Ihre Wissenslücken rasch schließen können.

Schlagen Sie einfach diejenigen Themenbereiche nach, in denen Sie sich noch nicht ganz sattelfest fühlen. Es ist nicht nötig, das Buch von vorne nach hinten durchzuarbeiten. Jedes Kapitel steht für sich und behandelt einen anderen Fachbereich der Prüfung.

Die Anforderungen sind je nach Bundesland unterschiedlich. Orientieren Sie sich an den Vorgaben Ihres Bundeslandes zu Ihrem Abiturjahrgang und gleichen Sie die Themen dieses Buchs mit den im Unterricht behandelten Themenbereichen ab.

Das Buch enthält zahlreiche **Merkkästen** und **Abi-Tipps**, die Ihnen das Lösen der Prüfungsaufgaben erleichtern. Mithilfe der **Checklisten** am Ende jedes Kapitels können Sie Ihren eigenen Kenntnisstand überprüfen. Vor allem die im Text **fett gedruckten Begriffe** sollen Sie an die wichtigsten Schlagworte erinnern – gehen Sie sicher, dass Sie diese verstanden haben und gegebenenfalls auch ausführlicher erklären können. Dies ist insbesondere für eine mündliche Prüfung sehr wichtig.

Passend zum Buch gibt es eine **App mit interaktiven Multiple-Choice-Aufgaben**. Mit dieser App können Sie alle wichtigen Themen aus dem Buch aktiv und in motivierender Form trainieren. Einfach im Apple App Store oder im Google Play Store „Fit fürs Abi" eingeben und kostenlos herunterladen. Auf www.westermann.de/fit-fuers-abi-express finden Sie außerdem kostenlose **Videos** mit Prüfungstipps. Unter anderem können Sie hier einer mündlichen Prüfung beiwohnen.

Viel Erfolg für die Prüfung wünscht Ihnen
Wiebke Cieśla

INHALTSVERZEICHNIS

GEOFAKTOREN

Planet Erde

Grundlagen der **Physikalischen Geografie** ermöglichen es, zentrale Zusammenhänge der Klima- und Vegetationszonen sowie das Auftreten von Naturgefahren zu verstehen.

* Die Erde entstand vor rund 4,5 Milliarden Jahren, die frühesten Vorfahren des Menschen erschienen vor etwa 7 Millionen Jahren auf dem Planeten.

* Einigen Tatsachen ist es zu verdanken, dass sich auf der Erde Leben entwickeln konnte.

Wichtige Voraussetzungen

* angemessene Entfernung zur Sonne (Wärme, Fotosynthese)
* Existenz der (vor UV-Licht schützenden) Ozonschicht
* Atmosphäre
* Größe und Masse des Planeten
* Existenz von Wasser (in allen Aggregatzuständen)
* Schwerkraft der Erde
* Stabilisierung der Lage der Erdachse

* Durch die Drehung der Erde um die eigene Achse entstehen Tag und Nacht.

* Da die Erdachse um 23,5° geneigt ist, entstehen **Jahreszeiten**, die das Klima und die Voraussetzungen für eine landwirtschaftliche Nutzung wesentlich mitbestimmen.

* Ein Jahr benötigt die Erde für den Umlauf um die Sonne.

* Die Erde besteht aus verschiedenen **Schalen**.

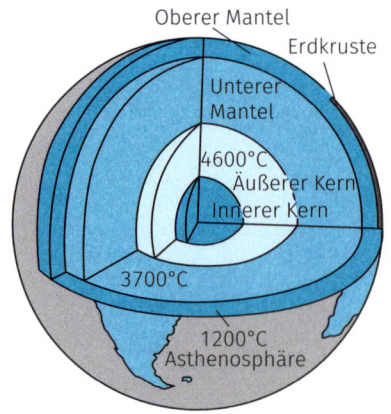

Plattentektonik und Vulkanismus

Gewaltige Kräfte im Erdinneren verursachen Verschiebungen ganzer Landmassen, führen zur Ausbildung von Gebirgen und stehen im Zusammenhang mit den wichtigsten Naturgefahren der Erde. Grundlagen der Plattentektonik sind daher für das Verständnis von vulkanischer Aktivität wesentlich.

🖝 Aus Gesteinsbrocken, Staub und **Meteoriteneinschlägen** entstand der Planet Erde, der in seinem Inneren mehrere Tausend Grad Celsius heiß ist und nach außen hin, also zurr Erdkruste hin, langsam abkühlte.

Schalenbau der Erde

🖝 Von außen nach innen unterscheidet man verschiedene **Schalen**:

→ Die **Erdkruste** bildet die feste Außenhaut der Erde, die aus kontinentaler oder ozeanischer Kruste besteht.

Ozeanische Kruste	Kontinentale Kruste
fester Zustand	fester Zustand
aus Basalten bestehend	aus Silikatgesteinen bestehend
bis zu 8 Kilometer mächtig	bis zu 70 Kilometer mächtig
schwerer (höhere Dichte)	leichter (geringere Dichte)

→ Nach innen folgen auf die Erdkruste der **Erdmantel** – unterteilt in den Oberen und Unteren Mantel – sowie der Äußere und schließlich der Innere Kern (siehe Grafik S. 6).

→ Als **Lithosphäre** bezeichnet man die Gesteinshülle der Erde, d. h. die Erdkruste zusammen mit dem Oberen Erdmantel.

→ Die Lithosphäre bildet jedoch keine homogene Hülle, sondern ist in verschiedene **Erdplatten** aufgeteilt, welche durch Plattengrenzen voneinander getrennt sind.

→ Die zäh fließende **Asthenosphäre** ist ein Teil des Oberen Mantels, auf welcher sich die Platten bewegen.

→ Der **Erdkern** zeichnet sich durch besonders hohe Temperaturen aus, der Äußere Erdkern ist flüssig, der Innere Erdkern dagegen (aufgrund des hohen Drucks) fest.

Plattenbewegung

* **Konvektionsströme** entstehen aufgrund von Wärmeströmungen im Inneren des Planeten und stellen den „Motor" der Plattenbewegungen dar.

* Die Bewegungsgeschwindigkeit der Platten beträgt wenige Zentimeter pro Jahr, im Laufe von Jahrmillionen führt sie jedoch dazu, dass sich Gebirge bilden oder ganze Kontinente verschieben.

* Anhand der Bewegungsrichtungen der Erdplatten kann man erkennen, dass sich beispielsweise der Atlantik vergrößert und der Abstand zwischen Amerika und Europa bzw. Afrika größer wird.

* Vor rund 250 Millionen Jahren hingen die Landmassen der Erde zusammen, und es existierte der Urkontinent **Pangäa**.

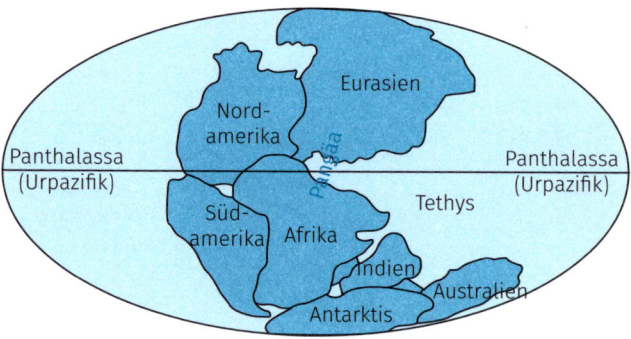

* Für seine **Theorie der Kontinentalverschiebung**, nach welcher sich die Erdplatten ständig bewegen, fand der deutsche Polarforscher **Alfred Wegener** (1880–1930) wenig Anerkennung, es war ihm darüber hinaus nicht möglich, seine Theorie wissenschaftlich zu beweisen.

  → Die Verbreitung bestimmter Tier- und Pflanzenarten sowie Gebirgszüge, die vor Jahrmillionen zusammenhingen, mittlerweile jedoch durch Ozeane getrennt sind, weisen auf die Richtigkeit der Theorie Wegeners hin.

  → Erst nach seinem Tod bestätigten andere Wissenschaftler seine Theorie, die heutzutage eine wichtige Grundlage der Plattentektonik darstellt.

  → Pangäa zerbrach vor etwa 160 Millionen Jahren in zwei große Landmassen. Der nördliche Teil Laurasia beinhaltete die Kontinente Nordamerika und Eurasien, die südliche Landmasse war Gondwana.

Grundsätzlich unterscheidet man drei Plattengrenzen-Typen:

1 Divergierende Plattengrenzen
Platten bewegen sich voneinander weg, dabei wird die Kruste gedehnt, sodass Lava gefördert wird.
Beispiele: Mittelozeanischer Rücken, Island
Folgen: Bildung von Vulkaninseln, Auftreten von Erdbeben

Divergente Plattengrenze

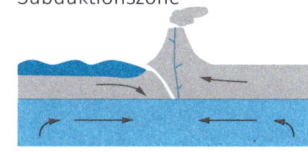

2 Konvergierende Plattengrenzen
Platten bewegen sich aufeinander zu. Treffen zwei kontinentale Platten aufeinander, spricht man von einer **Kollisionszone.**
Beispiele: Alpen, Himalaya
Folgen: Bildung von Gebirgen, Hebung oder Faltung innerhalb von Gebirgszügen, Auftreten von Erdbeben

Kollisionszone

Treffen eine Platte aus kontinentaler und eine Erdplatte aus ozeanischer Kruste aufeinander, entsteht eine **Subduktionszone.** Die aufeinandertreffenden Platten haben eine unterschiedliche Dichte, sodass die ozeanische Kruste mit der höheren Dichte unter die Platte der kontinentalen Kruste abtaucht.
Beispiele: Anden, Atacamagraben
Folgen: Bildung von Gebirgen, Auftreten von Erdbeben und Seebeben, Bildung von Tiefseerinnen

Subduktionszone

Treffen zwei Platten aus ozeanischer Kruste aufeinander, entsteht durch das Abtauchen einer der beiden Platten ebenfalls eine Subduktionszone.
Beispiel: Philippinen
Folgen: Auftreten von Seebeben, Bildung von Tiefseerinnen, Vulkanismus

3 Konservierende Plattengrenzen:
Platten bewegen sich aneinander vorbei.
Beispiel: San-Andreas-Verwerfung (Kalifornien, USA)
Folgen: Auftreten von Seebeben, Bildung von Verwerfungen in Gebirgen

Konservierende Plattengrenzen (Verwerfungszone)

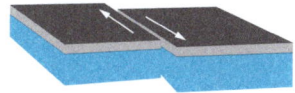

Vulkanismus

ZENTRALER BEGRIFF – VULKANISMUS

- Unter diesem Begriff werden Vorgänge zusammengefasst, bei denen Magma in die Kruste bzw. zur Erdoberfläche aufsteigt.

- Durch die diversen Plattenbewegungen kommt es an den Plattenrändern sowie inmitten von Platten zu verschiedenen vulkanischen Aktivitäten.

- Der größte Teil der vulkanischen Aktivitäten findet an Plattenrändern statt, da hier Gesteinsschmelze in sogenannten **Magmakammern** Druck auf die anderen Gesteinsschichten auslöst, die darüber liegen.

- Bei einem Auseinanderreißen der Erdkruste kann dünnflüssiges Magma nach oben an die Oberfläche gelangen.

- Bei **Divergenz** entsteht neue ozeanische Kruste durch das *Seafloor Spreading*, da das auftretende Magma nicht weit fließen kann und schnell erstarrt.

- Die gefährlichsten Vulkane entstehen entlang der Subduktionszonen (Zentralvulkane), den weltweit wichtigsten Vulkangürtel nennt man den **Pazifischen Feuerring**, der den Pazifik in Form eines U von drei Seiten umgibt.

- Aufgrund ihrer Eigenschaften und ihres Aussehens unterscheidet man grundsätzlich zwischen dem **Schicht-** und dem **Schildvulkan**:

Schichtvulkan	Schildvulkan
explosiver Ausbruch	effusiver Ausbruch
gasreiche Lava hoher Druck graue, zähflüssige, kühlere Lava	sehr heiße, dünnflüssige, rotgefärbte Lava, die über weite Strecken fließen kann
Lava erstarrt an den Hängen und lagert sich dort ab.	Vulkan nimmt eine große Fläche ein.
Asche- und Lavaschichten im Wechsel	
Kegelform	flache, aufgewölbte Form

- Auch innerhalb von Erdplatten existiert Vulkanismus, welcher durch punktförmige Magmaquellen entsteht (*Hot Spots*).

- Bewegt sich eine Erdplatte über einem *Hot Spot*, entstehen so in Jahrmillionen immer neue Inseln, deren Alter mit der Entfernung zu der vulkanisch aktivsten Insel zunimmt (*Beispiel*: Hawaii).

- Wenngleich vulkanische Aktivität eine gewisse Faszination auf den Menschen ausübt und touristische attraktiv sein können, zählen Vulkanausbrüche, Lavaströme und **pyroklastische Ströme** (Asche und Gesteinsbrocken), **Lahare** (Vulkanasche und Wasser) und durch Vulkane mit hohen Geschwindigkeiten herausgeschleuderte Gesteine zu gefährlichen Naturgefahren. Ebenso können Hänge eines Vulkans abrutschen **(Erdrutsch)**.

- Ein Vulkanausbruch oder eine Eruption im Meer kann sogar **Tsunamis** auslösen, welche an Küstenregionen zu erheblichen Zerstörungen und Verlust an Menschenleben führen können.

- Die Reichweite von pyroklastischen Strömen, giftigen vulkanischen Gasen und Tsunamis übersteigt dabei Entfernungen von mehr als 10 000 Kilometern.

- Aktivitäten nach einer Serie von Eruptionen nennt man **postvulkanische Erscheinungen** (wie Geysir, Fumarole, Thermalquelle).

Abi Tipp

ANGEMESSENE FACHBEGRIFFE VERWENDEN

- Gerade beim Thema der Naturereignisse (wie Vulkanausbrüche oder Erdbeben) existieren diverse Begriffe, die teilweise synonym verwendet werden.
- **Naturereignisse** beispielsweise (z. B. ein Erdbeben), die Schäden verursachen können, werden als **Naturgefahr** bezeichnet.
- Häufig werden solche Ereignisse als **Naturkatastrophe** betitelt. Seien Sie gerade diesem Begriff gegenüber kritisch eingestellt, denn nicht das Ereignis selbst stellt die Katastrophe dar, sondern vielfach die Folgen, die durch menschliche Funktionen und Nutzungen entscheidend mitbestimmt sind (z. B. die Frage der Besiedlungsdichte in einem erdbebengefährdeten Raum).
- Arbeiten Sie mit dem Begriff der **Verwundbarkeit (Vulnerabilität)** eines Raumes. Dieser beinhaltet sowohl die Anfälligkeit eines Raumes für Naturgefahren (durch ihre Lage) als auch die Möglichkeit des Raumes, einer möglichen Gefahr zu begegnen (z. B. durch Notfallpläne, Vorhersagesysteme).

Erdbeben

Mehrmals pro Tag bebt die Erde irgendwo auf der Welt, meistens für den Menschen unbemerkt. **Seismografen** zeichnen die ruckartigen Erschütterungen auf, die je nach Stärke und Dauer des Bebens viele Menschenleben kosten und hohe Sachschäden verursachen können.

* Tektonische Erdbeben werden durch Plattenbewegungen ausgelöst, der Ursprung des Bebens wird als **Hypozentrum** bezeichnet.

* Der senkrecht darüber liegende Punkt auf der Erdoberfläche ist das **Epizentrum**.

* Vom Hypozentrum aus breiten sich **Erdbebenwellen** aus, sodass Erdbeben auch in großer Entfernung zu spüren sein können.

* Zu den Erdbeben gehören auch **Einsturzbeben**, bei welchem Hohlräume einstürzen können.

* Ebenso ist es möglich, dass der wirtschaftende Mensch Erdbeben auslöst (z. B. durch Bergbau).

* Die Energie eines Erdbebens verursacht unter Umständen Risse in Gebäuden und kann zum Einsturz ganzer Häuser führen, ebenso sind dicht besiedelte Räume häufig von Bränden betroffen, da durch Erdbeben Versorgungsleitungen (z. B. Gas- und Stromleitungen) zerstört werden.

* Das **Gefährdungspotenzial** bestimmter Räume ist durch die Lage an Plattenrändern besonders hoch.

BEISPIELE KENNEN

* Für eine mündliche Abiturprüfung sollten Sie Beispiele erdbebengefährdeter Regionen kennen.

* Wählen Sie hierzu anhand einer Karte der Naturgefahren Standorte aus, die besonders anfällig für Naturgefahren sind.

* Ein prominentes Beispiel ist die Stadt San Francisco (USA), die an der Grenze zweier Plattenränder liegt (San-Andreas-Verwerfung).

* Sollte dort ein schweres Erbeben auftreten, ist aufgrund der hohen Besiedlungsdichte, der wirtschaftlichen Aktivität und der Konzentration an Sachwerten eines insgesamt hohen Lebensstandards mit dem Verlust vieler Menschenleben und hohen Schäden zu rechnen.

● Zur Einordnung der Stärke eines Erdbebens stehen zwei Skalen zur Verfügung:

Intensitätsskala	Magnitudenskala (Richterskala)
Einteilung der Intensität eines Bebens nach Beobachtungen und Wahrnehmung des Menschen	Einteilung der Intensität eines Bebens nach Energiefreisetzung
Unterteilung in 12 Klassen	Unterteilung in 10 Klassen; keine Begrenzung nach oben hin, wobei Stärken ab 9,5 fast unmöglich sind, da die Erdkruste nicht unendlich viel Energie speichern kann, die Spannungen werden vorher durch Erdbeben freigesetzt.
niedrigste Intensität 1: nicht wahrnehmbar, keine Folgen	niedrigste Intensität 1: sehr schwaches Erdbeben, in der Regel nicht spürbar
Hohe Intensität 6: Menschen spüren das Erdbeben, geringe Schäden, mögliche Risse an Häusern, Verrutschen von Gegenständen	logarithmischer Aufbau (Die Energiefreisetzung eines Bebens der Stärke 3,0 ist zehn Mal so hoch wie die eines Bebens der Stärke 2,0.)
Sehr hohe Intensität 12: Menschen spüren das Erdbeben deutlich, verbreitete Panik aufgrund des Einstürzens vieler Gebäude, schwere Schäden selbst an Gebäuden sehr guter Bausubstanz, massive Zerstörung der Infrastruktur, Veränderungen der Landschaft	Höchste Intensität (theoretisch) 10: sehr starkes Erdbeben, massive Folgen. Ein Erdbeben der Stärke 10 wurde noch nicht gemessen.
beruht auf subjektiver Wahrnehmung	Beruht auf Messergebnissen der Erdbebenaufzeichnung; der Seismograf dokumentiert den maximalen Ausschlag (Magnitude).

Gesteine

Plattenbewegungen sind als **endogener** Faktor mitverantwortlich für die Entstehung von Gesteinen ebenso wie Kräfte, die durch Verwitterung und Erosion (**exogene Faktoren**) entstehen.

* Man unterscheidet zwischen drei Gesteinsarten:

1	**magmatische Gesteine** (Diese entstehen durch Magma, welches erstarrt und abkühlt.)
2	**metamorphe Gesteine** (Diese entstehen durch Umwandlung bestehender Strukturen durch sehr hohen Druck oder hohe Temperaturen.)
3	**Sedimentgesteine** (Diese entstehen durch Ablagerung und Transport bestehender kleiner Gesteinsteile an Land (terrestrische), am Meer (marine) oder an einem See (limnische Sedimente.)

* Gesteine sind Teil des **Gesteinskreislaufs**, welcher Gesteine durch den Einfluss endogener und exogener Kräfte verändern und umwandeln kann.

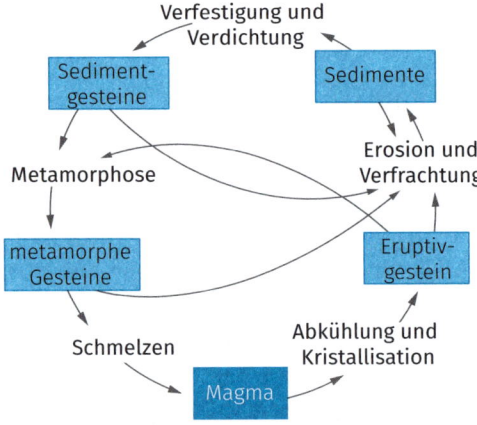

GEOZONEN

Boden

Bodenverhältnisse, Prozesse innerhalb der Atmosphäre sowie klimatische Verhältnisse prägen wesentlich Räume sowie Landschaften auf der Erde und bestimmen, welche natürliche Vegetation herrscht und wie man einen Raum bewirtschaften kann. Dabei zählt der Boden mit seinen zahlreichen Funktionen zur Lebensgrundlage des Menschen.

* Boden besteht aus mineralischer und organischer Substanz sowie Luft und Wasser innerhalb der Poren.
* Böden entwickeln sich im Laufe der Zeit weiter, die **Bodenentwicklung** ist abhängig vom Ausgangsgestein, von den klimatischen Bedingungen, dem Relief sowie der Vegetation, welche organisches Material liefert; dieses vermischt sich allmählich mit Verwitterungsmaterial.
* Veränderungen der Bedingungen haben einen Wandel der jeweiligen **Bodenbildungsprozesse** zur Folge.
* Durch die große Nutzungsfunktion des Bodens (z. B. Lagerstätte für Ressourcen, Flächenlieferant für landwirtschaftliche Nutzung) greift auch der Mensch in die Bodenentwicklung ein.
* Die Mächtigkeit ist unterschiedlich groß, insgesamt bildet die **Pedosphäre** eine dünne Schicht im Vergleich etwa mit der Atmosphäre.
* Ein **Bodenprofil** besteht aus **Bodenhorizonten**, also den verschiedenen Schichten, die parallel zur Erdoberfläche liegen.
* Diese Horizonte werden mit Großbuchstaben versehen und durch Kleinbuchstaben ergänzt, welche weitere Hinweise auf Eigenschaften des Bodens geben können:

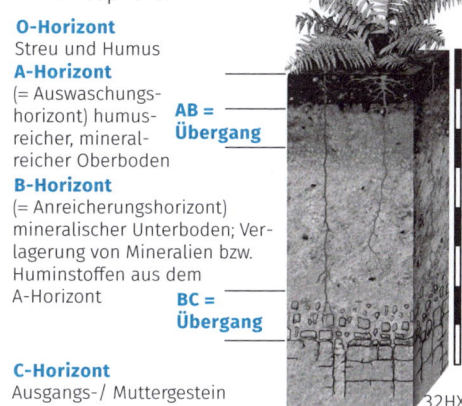

O-Horizont
Streu und Humus
A-Horizont
(= Auswaschungshorizont) humusreicher, mineralreicher Oberboden
AB = Übergang
B-Horizont
(= Anreicherungshorizont) mineralischer Unterboden; Verlagerung von Mineralien bzw. Huminstoffen aus dem A-Horizont
BC = Übergang
C-Horizont
Ausgangs-/ Muttergestein

0
10
20
30
40
50
60
70
80

32HX_2
©Schroedel

Bodenhorizonte (Auswahl)

- O-Horizont: Humusauflage (v.a. aus organischem Material bestehend)
- A-Horizont: Oberboden
- B-Horizont: Unterboden
- C-Horizont: Ausgangsgestein
- e: ausgewaschen
- h: humushaltig
- t: mit Ton angereichert

- Der Boden stellt Pflanzen neben Wasser und Luft **Nährstoffe** zur Verfügung, die aus anorganischen (z.B. durch Verwitterungsprozesse im Ausgangsgestein) und organischen (z.B. Verwesung und Zersetzung von Blättern, Pflanzenwurzeln) Bestandteilen stammen.
- Von Bedeutung für die landwirtschaftliche Nutzung ist die Fruchtbarkeit eines Bodens sowie seine Fähigkeit, Nährstoffe zu speichern und diese etwa an Kulturpflanzen weiterzuleiten (**Kationenaustauschkapazität**).
- **Tonminerale** (neu gebildete Minerale) können durch ihre spezifischen Oberflächen Kationen an sich binden.
- Man unterscheidet bei der Tonmineralneubildung zwischen **Zweischicht-, Dreischicht- und Vierschichttonmineralen**.
- Kaolinite dominieren beispielsweise die tropischen Böden, wodurch eine intensive landwirtschaftliche Nutzung durch die Zweischichttonminerale erschwert wird.
- Je nach Aufbau und Eigenschaften eines Bodens lassen sich verschiedene **Bodentypen** klassifizieren.

BODENKARTEN NUTZEN!

- Auf der nächsten Seite sind wichtige **Bodentypen** dargestellt, diese Übersicht stellt eine kleine Auswahl dar.
- Nutzen Sie in Prüfungssituationen die thematischen Karten zum Thema Boden im Weltatlas.
- Üben Sie die wesentlichen Eigenschaften zentraler Bodentypen hinsichtlich ihrer Bedeutung für eine Nutzung durch den Menschen ein.

Bodentyp	Eigenschaften	Nutzung	Vorkommen
Braunerde	vielfältige Ausgangssteine, je nach Substrat hohe Fruchtbarkeit	land- und forstwirtschaftliche Nutzung möglich	weit verbreitet in Mitteleuropa
Schwarzerde (Tschernosem)	große Biomassenproduktion zur Entstehungszeit, aufgrund des Klimas (trockene Sommer, kalte Winter) geringer bakterieller Abbau, sehr humusreich, mächtiger A-Horizont	intensive landwirtschaftliche Nutzung möglich aufgrund der hohen Fruchtbarkeit des Bodens	weit verbreitet in Mitteleuropa
Rohboden	Ausgangsgestein ist kaum verwittert, kaum Ausbildung eines Oberbodens über dem Ausgangsgestein.	nicht landwirtschaftlich nutzbar	Vorkommen beispielsweise in Hochgebirgen
Latosol	Vorherrschen der chemischen Verwitterung, Dominanz von Zweischicht-Tonmineralen	aufgrund der Nährstoffarmut eingeschränkt nutzbar	weit verbreitet in den Tropen
Podsol	Bildung einer Rohhumusauflage (schwer zersetzbare Streu des Nadelwaldes), Auswaschung aus dem A-Horizont, Verlagerung von Nährstoffen in den Unterboden	aufgrund der Nährstoffarmut eingeschränkt nutzbar, Standort für Nadelwälder	verbreitet in der Polarzone sowie in der Gemäßigten Zone

- Die **Korngröße** der anorganischen Bestandteile eines Bodens wird als **Bodenart** bezeichnet.
- Grundsätzlich unterscheidet man zwischen **Grobboden** (Partikel mit einem Durchmesser > 2 mm) und **Feinboden** (< 2 mm).

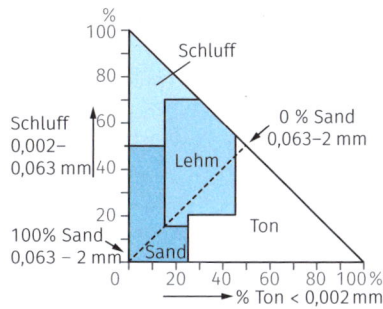

- **Kies** (Fragmente in gerundeter Form), **Geröll** sowie **Blöcke** gehören aufgrund ihres Durchmessers zu den Grobsedimenten.
- Kleinere Korngrößenklassen werden bestimmt durch die Begriffe **Sand** (Grob-, Mittel-, Feinsand), **Schluff** (Grob-, Mittel-, Feinschluff) und **Ton** (Grob-, Mittel- und Feinton).
- Eine Mischung der drei Feinbodenarten zu etwa gleichen Anteilen wird als **Lehm** bezeichnet.

Gefährdung des Bodens

- Bodeneigenschaften sowie das Bodenprofil können sich verändern, dadurch wird auch die Bodenfruchtbarkeit beeinflusst.
- Eine **Degradation** kann eine Veränderung eines Bodentyps hervorrufen oder sogar einen langfristigen Wandel der Charakteristika eines Bodentyps bedeuten.
- Eine weit verbreitete Ursache für Bodendegradation ist **Bodenerosion**, bei welcher Partikel des Oberbodens abgetragen werden.
- Durch Erosion verursachte Schäden sind regional sehr unterschiedlich ausgeprägt, stellen aufgrund des Verlusts an fruchtbaren Partikeln jedoch ein großes Problem dar, v. a. wenn die Abtragungsraten die Neubildungsraten übersteigen.
- Mögliche Ursachen für Erosion liegen sowohl im natürlichen (starker Niederschlag, Wind) als auch im anthropogenen Bereich (landwirtschaftliche Übernutzung, fehlender Erosionsschutz durch Rodung, Überweidung).
- Durch **Wassererosion**, der häufigsten Form der Erosion, können sich tiefe Rinnen bilden, **Winderosion** bläst fruchtbare Partikel aus, gelockertes Bodenmaterial in Hanglagen kann durch Hangrutschen verloren gehen und sich an anderer Stelle ablagern.
- Im schlimmsten Fall können erodierte Räume langfristig nicht mehr bewirtschaftet werden (*badlands*).
- Eine weitere Gefährdung stellt die **Bodenversiegelung** durch den Bau von Gebäuden und Verkehrswegen dar.
- Eine weitere Form der Bodendegradation wird v. a. durch schwere Maschinen in der Landwirtschaft ausgelöst, welche eine **Bodenverdichtung** hervorrufen können.
- Verdichtete Böden beeinträchtigen die Tätigkeit der Bodenlebewesen sowie die Durchlüftung der Böden. Damit ist die Durchwurzelbarkeit für Pflanzen erschwert.
- Durch Eintrag von Giftstoffen sowie durch **Überdüngung** können Böden ebenfalls gefährdet werden.

- In ariden Räumen wird durch unangemessene Bewässerung der Prozess der **Bodenversalzung** verstärkt, welche eine Salzanreicherung an der Oberfläche verursachen kann.
- Bodenwasser steigt dabei in Kapillaren nach oben und löst dabei Salze, weil sie nicht ausgewaschen werden.
- Kulturpflanzen können diese Salzkrusten nicht mehr durchdringen.

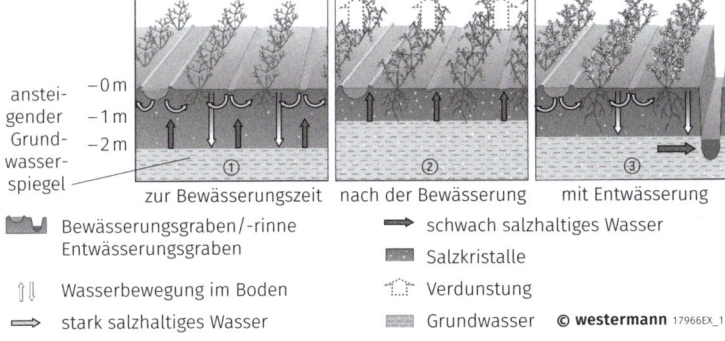

ansteigender Grundwasserspiegel
−0 m
−1 m
−2 m

① zur Bewässerungszeit   ② nach der Bewässerung   ③ mit Entwässerung

Bewässerungsgraben/-rinne Entwässerungsgraben   → schwach salzhaltiges Wasser

Wasserbewegung im Boden   Salzkristalle

⇒ stark salzhaltiges Wasser   Verdunstung

Grundwasser   © **westermann** 17966EX_1

- Eine weitere große Gefahr für die Bodenfruchtbarkeit stellt die **Desertifikation** dar, Weideflächen oder Ackerland werden durch menschliches Handeln in wüstenartige Landschaften umgewandelt.
- Verbreitete Ursachen der Bodengefährdung wie Überweidung, Verkürzung der **Brachzeiten**, die auf anthropogene Übernutzung zurückzuführen sind, wären vermeidbar.

SYNDROM-ANSATZ

Das Konzept verfolgt das Ziel, umfassende Umweltveränderungen zu identifizieren und in seiner teils globalen Komplexität zu beschreiben und dabei die naturräumlichen und gesellschaftlichen Zusammenhänge zu verdeutlichen.

- Wie bei einem komplexen Krankheitsbild wird nach der Diagnose eine Möglichkeit gesucht, Folgen des Syndroms zu lindern und möglichst langfristig zu vermeiden.
- Für das Fach Erdkunde gibt es eine Vielzahl an Syndromen, die je nach Bereich in einer Prüfung thematisiert werden können.
- Für den Bereich der Bodendegradation sind das Alpen-Syndrom (Bodendegradation aufgrund von Überbeanspruchung durch den Tourismus) sowie das Sahel-Syndrom (landwirtschaftliche Übernutzung) zu nennen.

- Gesetzliche Grundlage für den **Bodenschutz** ist das **Bundesboden-schutzgesetz**, welches im Jahr 1999 in Deutschland in Kraft trat. Das Gesetz verfolgt das Ziel, Veränderungen des Bodens abzuwenden und dessen Funktion zu erhalten.
- Auf internationaler Ebene sind Abkommen insgesamt rar, hier ist z. B. das Übereinkommen der UN zur Bekämpfung der Wüstenbildung (UNCCD) zu nennen, welches sich gegen die weitere Ausbreitung der Desertifikation einsetzt.
- Mögliche Maßnahmen für den Bodenschutz können je nach Raum unterschiedlich sein, je nachdem, welche Ursache der Bodendegradation bekämpft werden soll:

Ausgewählte Maßnahmen zum Bodenschutz

- Beseitigung von Verunreinigungen und Altlasten im Boden
- Anpassung der landwirtschaftlichen Nutzung an den jeweiligen Raum (Einhalten der Brachezeiten, Vermeidung von Übernutzung und Überweidung)
- Entwaldung verringern, um Erosionsschutz zu gewährleisten
- nachhaltige Forstwirtschaft
- Pflanzen von Schutzhecken (natürlicher Erosionsschutz)
- Bau von Flussschwellen in semiariden Räumen, um degradierte Trockentäler zu rehabilitieren.

Wasser

- Wasser ist Lebensgrundlage und ein wichtiges Element für Klima und Erdoberfläche.
- Wasser kommt auf der Oberfläche selbst (Gewässer), in der Atmosphäre (Wasserdampf) sowie im Boden (Bodenwasser, Grundwasser) in drei **Aggregatzuständen** (fest, flüssig, gasförmig) vor.
- Die Wasserhülle der Erde wird als **Hydrosphäre** bezeichnet.
- Über 97 Prozent des Wassers der Erde besteht aus **Salzwasser**, der größte Teil des **Süßwassers** ist in Eismassen gebunden.
- Der Zugang zu sauberem **Trinkwasser** ist mitentscheidend für die Gesundheit des Menschen und die Lebenschancen Heranwachsender in Entwicklungsländern.
- Als Lebensmittel und wichtige **Ressource** wird Wasser täglich benötigt, die Bedeutung des Wassers geht in vielen Bereichen über den persönlichen Verbrauch deutlich hinaus.

- Durch seine hohe **Wärmekapazität** kann Wasser sehr gut Wärme speichern und beeinflusst damit das weltweite Klima.
- Im wirtschaftlichen Bereich ist Wasser ebenfalls von Belang, im Bereich der Landwirtschaft sowie in der industriellen Produktion.
- Auch für die Bereiche Tourismus (Badeurlaub, Wassersport), Energie (Wasserkraft) und Verkehr/**Logistik** (Wasserstraßen, Kanäle) ist Wasser von enormer Bedeutung.
- Neben der direkten Wassernutzung verbrauchen Konsumenten weitaus mehr Wasser durch Produkte, die bei der Herstellung viel Wasser benötigen (**virtuelles Wasser**).

KONZEPT DES WASSERFUSSABDRUCKS

Das Konzept wurde entwickelt, um den persönlichen Wasserverbrauch eines Menschen zu ermitteln und einen möglichst **nachhaltigen Umgang** mit der wertvollen Ressource zu initiieren.

- Entwicklung des Konzepts im Jahr 2002
- Das Konzept umfasst dabei den Wasserverbrauch des eigenen Lebensstils sowie den Verbrauch an virtuellem Wasser.
- Über die Bereiche Ernährung, Körperpflege, Verwendung im Haushalt wird der persönliche Verbrauch ermittelt.
- Das ermittelte Ergebnis wird in Relation zum Durchschnittswert des Staates angezeigt, in welchem man lebt.
- Ähnlich wie beim Konzept des **ökologischen Fußabdrucks** erhält man Tipps zum Einsparen von Ressourcen.

- **Wasserknappheit** auf der einen Seite und die hohe Nachfrage nach Wasser auf der anderen Seite führen zu **Nutzungskonflikten** (z. B. zwischen Landwirtschaft und Tourismus), teilweise zu politischen **Wasserkonflikten**, wenn mehrere Regionen oder Staaten z. B. Anspruch auf Wasser eines Flusses erheben.
- Als **Dürre** bezeichnet man eine länger andauernde Trockenperiode, in welcher Menschen, Tiere und Pflanzen zu wenig Wasser zur Verfügung haben.
- Periodisch wiederkehrende (z. B. jahreszeitliche) **Trockenphasen** grenzt man von Dürren ab, indem man Kriterien wie Dauer und Ausmaß anlegt und das vorherrschende Wasserdefizit mit langjährigen Durchschnittswerten des Raumes vergleicht.

Wasserkreislauf

* Zwar ist die Gesamtmenge des Wassers der Erde konstant, jedoch befindet sich diese ständig in einem Kreislauf, welcher durch **Verdunstung, Niederschlag** (z. B. Regen, Schnee, Hagel, Nebel) und **Abfluss** (Niederschlagswasser, welches z. B. in Flüsse abfließt) bestimmt wird.
* Durch Verdunstung über Ozeanen und Gewässern entsteht **Wasserdampf**, in Form von Niederschlag gelangt Wasser wieder auf die Erdoberfläche zurück.
* Ein Teil des Niederschlags wird in Eismassen gespeichert oder verdunstet auf der Vegetationsdecke, andere Teile versickern **(Infiltration)** und gelangen mit zeitlicher Verzögerung durch den Transport über Fließgewässer zurück in einen Ozean **(Oberflächenabfluss)**.
* Einflussfaktoren auf den globalen Wasserkreislauf können sowohl natürlichen (z. B. Relief, natürliche Vegetation, Hangneigung) als auch menschlichen Ursprungs sein (z. B. Versiegelung der Landschaft, Abholzung und damit eine Zunahme des Abflusses an der Oberfläche, Begradigung eines Flusses, Bau von Staudämmen).

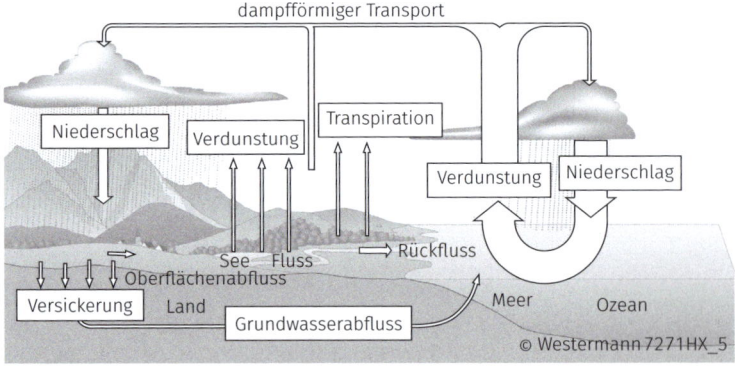

Hochwasser

* Führt ein Fluss aufgrund von **Schneeschmelze** oder starken Niederschlägen einen sehr hohen Stand an Wasser, kann dieses Hochwasser zu Überschwemmung führen.
* Bei Hochwasser werden natürliche **Rückhaltemöglichkeiten** überansprucht.
* Hochwasser ist ein Teil des Wasserkreislaufs und regelmäßige Überschwemmungen sind bedeutend für Teile der Flora und Fauna.
* Der Mensch verstärkt Hochwasserereignisse teilweise durch sein Handeln (Abholzung und Versiegelung, landwirtschaftliche Nutzung).

- Da sich Hochwasserwellen fortsetzen, führen **Flussbegradigungen**, die Flussläufe verkürzen und damit auch die Laufzeit der **Hochwasserwellen**, dazu, dass sich Hochwasserwellen schneller fortbewegen, was die Möglichkeiten des Hochwasserschutzes einschränken kann.
- Der wirtschaftende Mensch hat eine Vielzahl an Überschwemmungsgebieten bebaut, sodass eine Ausdehnung eines Gewässers bei Hochwasser oftmals nicht möglich ist.
- Daher stellt ein angepasster **Bebauungsplan** und ein Freihalten von Überschwemmungsflächen langfristig eine Möglichkeit dar, sich vor Überschwemmungen zu schützen.

Ausgewählte Maßnahmen des Hochwasserschutzes

- Bau von Rückhaltebecken, Bereitstellen von **Retentionsräumen**
- **Renaturierung** von Fließgewässern
- technischer Schutz durch Uferbefestigungen, Deiche
- Beobachtung des Wasserstands von Fließgewässern, Notfall- und Einsatzpläne

---

Klima

- Die wichtigsten Phänomene des Wetters passieren in der **Troposphäre**, der untersten Schicht der **Atmosphäre**. Oberhalb der Troposphäre befindet sich die **Stratosphäre**.

1	**Wetter:** gegenwärtiger Zustand der Atmosphäre in einem bestimmten Raum
2	**Witterung:** Wetterabfolge in einem längerfristigen Zeitraum von mehreren Tagen bis hin zu Wochen
3	**Klima:** mittlerer Zustand der Atmosphäre eines Raumes über einen langen (mindestens ein Jahr andauernden) Zeitraum

- Das Klima der Erde ist ein sehr komplexes System, welches mit anderen Sphären in Zusammenhang steht und auf jede Änderung reagiert.
- Aktivitäten des Menschen beispielsweise führen zu einer Freisetzung zusätzlicher klimawirksamer Gase (z. B. Kohlenstoffdioxid, Methan), die sich in der Atmosphäre anreichern und in der Folge zu einem Anstieg der Temperatur führen **(anthropogen bedingter Treibhauseffekt)**.
- Zur Analyse des Klimas eines Raumes sollten möglichst mehrere **Klimaelemente** im Zusammenhang gesehen werden:

KLIMAELEMENTE

- **Temperatur:** Angabe in Grad Celsius (C°)
- **Niederschlag:** Angabe in Millimetern (mm), Liter pro Quadratmeter, Niederschlagstypen: Regen, Schnee, Hagel, Schneeregen, Tau
- **Luftdruck:** Angabe in Hektopascal (hPa)
- **Luftfeuchtigkeit:** Anteil von Wasserdampf in der Luft bei einer bestimmten Temperatur, Angabe in Gramm pro Kubikmeter (absolute Luftfeuchtigkeit) bzw. in Prozent (relative Luftfeuchtigkeit)

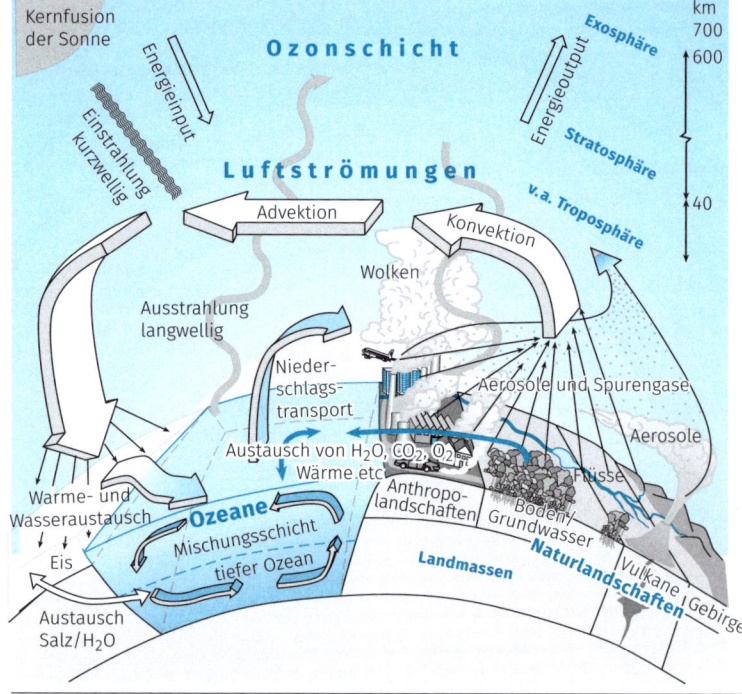

Zusammenspiel von Klimaelementen

- **Klimadiagramme** führen wichtige Klimaelemente wie Temperatur und Niederschlag an jeweiligen Messstationen auf, mit ihrer Hilfe kann das Klima eines Raumes beschrieben sowie einer **Klimazone** zugeordnet werden.

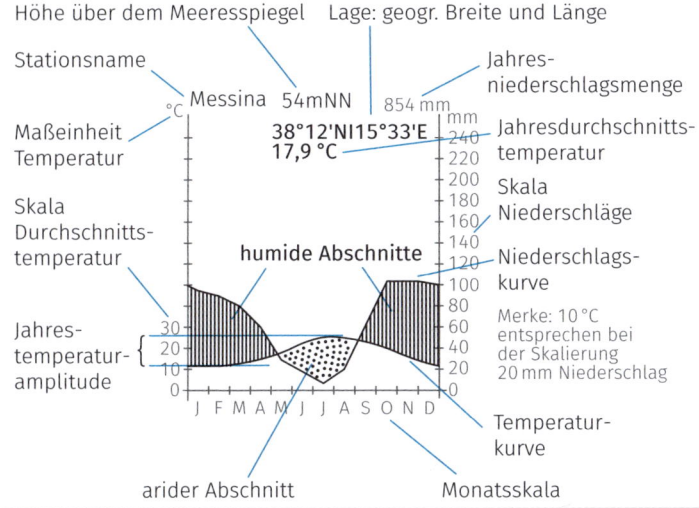

Beispiel: Klimadiagramm von Messina (Sizilien)

- Es werden die Werte der **Jahresdurchschnittstemperatur** sowie des **Jahresniederschlags** angegeben, ebenso befinden sich Angaben zu Name und Lage der Station innerhalb des Diagramms wieder.

- Mithilfe der beiden Skalen der y-Achsen kann der Verlauf der Temperaturkurve sowie die Niederschlagsverteilung innerhalb eines Jahres beschrieben werden, bei diesem Beispiel handelt es sich um ein **Jahreszeitenklima**.

- Die **Amplitude** stellt den Unterschied zwischen dem höchsten und niedrigsten Monatsmittel der Temperatur dar. Diese variiert je nach Lage und Klimazone der Messstation erheblich und je nachdem, ob es sich um **kontinentales** oder **ozeanisches Klima** handelt.

- Es werden sowohl **aride** Abschnitte (Rate der Verdunstung liegt über den Niederschlagswerten) als auch **humide** Monate (Niederschlagsmenge überragt die Verdunstungsrate) innerhalb des Diagramms verdeutlicht.

- Klimadiagramme zeigen Mittelwerte an, d. h. kurze Dürrephasen, Rekordwerte bestimmter Tage oder die **Variabilität des Niederschlags** können nicht abgelesen werden.

- Um den **Tagesgang** der Temperatur an einem Ort abzulesen, kommt ein **Thermoisoplethendiagramm** zum Einsatz.

KLIMADIAGRAMM DEUTEN

- In Klausuren und Prüfungen ist ein Klimadiagramm häufig Bestandteil der zur Verfügung gestellten Materialien.
- Ein ausgewertetes Klimadiagramm kann Aussagen über eine landwirtschaftliche Nutzbarkeit, ein touristisches Potenzial und mögliche Problemfelder des Raumes ermöglichen.
- Üben Sie daher das Auswerten und Deuten von Klimadiagrammen ein.
- Beispiele finden Sie im Schülerbuch, im Internet und im Atlas.
- Versuchen Sie, Klimadiagramme einer Klimazone zuzuordnen, ohne die Lage der Messstation zu kennen.

Klimawandel

- **Temperaturschwankungen** hat es aufgrund von Veränderungen des Strahlungshaushaltes immer wieder gegeben, Ursachen hierfür sind z. B. die Veränderung der Form der Erdbahn sowie kleinere Schwankungen der Schrägstellung der Erdachse.
- Auch vulkanische Aktivitäten und Einflüsse der Plattentektonik können **Klimaänderungen** bewirken.
- Veränderungen des Klimas der letzten 150 Jahre lassen sich nicht allein durch natürliche Faktoren erklären, wie z. B. die Erwärmung des Ozeans, der Rückgang an Schneemengen, die Konzentration an **Treibhausgasen**, weshalb man von Ursachen ausgeht, die durch den wirtschaftenden Menschen zustande kommen (**Klimawandel**).
- Es wird befürchtet, dass durch den Klimawandel die Häufigkeit von **Extremwetterereignissen** (z. B. extreme Hitzewellen, starke Stürme) zunimmt und diese Ereignisse insgesamt intensiviert werden.
- Das Zusammenwirken natürlicher und anthropogener Faktoren im umfassenden System des sich verändernden Klimas zu erforschen, ist eine komplexe Aufgabe, der sich Wissenschaftler weltweit widmen.

Geozonen

- In der Geografie gibt es viele Modelle, die die Erdoberfläche nach verschiedenen Merkmalen einteilen, um eine übersichtliche Gliederung zu erhalten (**Geozone**).
- Modelle der **Landschaftszonen** versuchen, auf großer Maßstabsebene Räume mit ähnlichen Bedingungen für Mensch, Flora und Fauna zu definieren.
- Aufgrund der Kugelgestalt der Erde, der Neigung der Erdachse sowie der Schiefe der Ekliptik verändert sich der **Einfallswinkel der Sonnenstrahlen** zwischen Äquator und den beiden Polen.
- Den höchsten Anteil an Sonnenstrahlungsenergie erhalten die Tropen, den geringsten Anteil die Zonen an den beiden Polen.
- Dadurch ergeben sich die **Klimazonen** der Tropen (0°-23,5° nördliche und südliche Breite), der mittleren Breiten (23,5°-66,5° nördliche und südliche Breite) und der Polargebiete (66,5°-90° nördliche und südliche Breite).
- **Vegetationszonen** definieren Großräume der Erde hinsichtlich der dort verbreiteten Vegetationsdecke. Da sich Pflanzen den vorherrschenden klimatischen Bedingungen anpassen, spiegeln Vegetationszonen die entsprechenden Klimazonen in gewisser Weise wider.
- Die weit verbreitete **effektive Klimaklassifikation** nach Troll und Paffen charakterisiert fünf Klimazonen, die Klimaelemente und vorherrschende Vegetation im Zusammenhang darstellen. Die Zonen werden mit den römischen Ziffern I bis V gekennzeichnet. Alternativ gibt es die Klassifkation nach Koeppen und Geiger (siehe vordere Umschlagklappe).
- Vielen Modellen liegt eine zonale Gliederung anhand der geografischen Breite zugrunde, obwohl diese diverse Ausnahmen nicht abbildet:
- **Meeresströmungen** beispielsweise haben einen Einfluss auf Klima und Vegetation, ebenso das Relief. **Höhenstufen** der Vegetation finden in vielen anschaulichen Modellen keine Berücksichtigung.
- Die Zone des Borealen Nadelwaldes kommt auf der Südhalbkugel nicht vor, da dort auf der entsprechenden geografischen Breite kaum Landmasse vorhanden ist.
- Differenzierungen (etwa zwischen Westseiten- und Ostseitenklima der Subtropen) werden in vielen Modellen zugunsten der Übersichtlichkeit ausgeklammert.

ATLASKARTEN NUTZEN!

- Machen Sie sich vor einer Prüfung mit dem eingeführten Atlas vertraut.
- Üben Sie den Umgang mit den vorhandenen Karten, welche die Klima- und Vegetationszonen angeben.
- Verknüpfen Sie Ihr Wissen um Geozonen und Klimadiagramme möglichst mit einem Beispiel, um sich komplexe Zusammenhänge besser einzuprägen.

Ökosysteme

- Wie sich **abiotische** (z. B. Klima) und **biotische** (z. B. Tiere, Pflanzen) Faktoren gegenseitig beeinflussen und zusammenwirken, beschreibt der Begriff **Ökosystem**.

Immerfeuchte Tropen

- Lage der Tropen: um den Äquator herum (bis 23,5° nördlicher und südlicher Breite)
- Vegetationszonen innerhalb der Tropen: tropischer Regenwald, Feuchtsavannen, Trockensavannen, Dornsavannen, Wüsten
- Klima der immerfeuchten Tropen (**Äquatorialklima**): ganzjährig hohe konstante Temperaturen, **Tageszeitenklima** (Temperaturunterschiede innerhalb eines Tages sind höher als die Unterschiede innerhalb eines Jahres), **Isothermie** (keine bzw. sehr geringe Temperaturamplitude), ganzjährige sehr hohe Niederschläge, **humides Klima**, hohe **Luftfeuchtigkeit**
- täglich sich wiederholender Wetterablauf: starke Erwärmung am Vormittag bis zur Mittagszeit, am frühen Nachmittag heftige Niederschläge, teils Gewitterschauer
- ganzjähriger Einfluss der Innertropischen Konvergenzzone ITC (**Tiefdruckrinne** nahe des Äquators)
- ganzjährig üppiges Wachstum der Pflanzen (höchste **Biomassenproduktion**), **Stockwerkbau**, hohe **Biodiversität**
- wichtiger Lebensraum für viele seltene Pflanzen- und Tierarten
- Boden der immerfeuchten Tropen: geprägt durch **chemische Verwitterung**, Zweischicht-Tonminerale, geringe Kationenaustauschkapazität, **geringe Bodenfruchtbarkeit** und einen geringen Humusgehalt

- Das Klima der immerfeuchten Tropen begünstigt zwar das üppige Wachstum durch eine ganzjährige **Vegetationsperiode**, die tropischen Böden weisen jedoch eine Nährstoffarmut, eine hohe **Acidität** und eine **geringe Speicherkapazität** auf.
- Dieser Widerspruch ist durch den kurzen, geschlossenen **Nährstoffkreislauf** im **Tropischen Regenwald** zu erklären.
- Herabfallendes Laub wird innerhalb des **Ökosystems** schnell zersetzt.
- Die Mineralstoffe sind in der Biomasse eingebunden.
- Das Wurzelgeflecht der **Mykorrhiza** (Symbiose aus Pilz und Pflanze) und Bakterien fungieren als „Nährstoffsammler" und geben diese schnell an andere Pflanzen weiter.
- Das Ökosystem ist damit anfällig für äußere Einflüsse. Wird etwa **Primärwald** gerodet, bedeutet dies z. B. den Verlust an zu zersetzender Biomasse. Zudem wird der Strahlungs- und Wasserkreislauf massiv gestört.
- wirtschaftliche Nutzung: Landwirtschaft, Tourismus

Subtropen

- Lage der Subtropen: räumlich weit verteilt (**winterfeuchte Subtropen** z. B. im Mittelmeerraum, **immerfeuchte Subtropen** z. B. an der Ostküste der USA)
- Vegetation: Hartlaubgewächse (z. B. Steineiche, Pinie, Zypresse)
- Klima der Subtropen: **warmgemäßigt**, Temperaturmaximum in den Sommermonaten, mäßige Amplitude, lange Vegetationsperiode (in der Regel kein Frost)
- Niederschlagsverhältnisse variieren: Beim Winterregenklima der Westseiten der Kontinente fallen Niederschläge v. a. im Winter, semihumides Klima. In den immerfeuchten Subtropen (Ostseitenklima) fällt das Maximum des Jahresniederschlags in den Sommermonaten, teilweise humides bis semihumides Klima.
- Boden der mediterranen Subtropen: Roterden, hoher Humusgehalt

- Die ursprüngliche Vegetation des **Mittelmeerraums** hat sich stark verändert, viele Eichenwälder und Nadelhölzer wurden abgeholzt, um die Flächen für landwirtschaftliche Zwecke zu verwenden.
- Die Vegetation besteht gegenwärtig überwiegend aus **Hartlaubgewächsen**, die sich an das Winterregenklima der Westseiten angepasst haben (Ausbildung harter, teils sehr kleiner Blätter, Anpassung an Sommerhitze mit schirmartigen Krone).
- wirtschaftliche Nutzung: Landwirtschaft, Tourismus

Polarzonen

- Lage der Polarzonen: Die Grenze der Polarzone bildet die geografische Breite von 66,5°, teils weitere Ausdehnung äquatorwärts.
- Vegetation: Unterteilung der Polarzonen in die vegetationslose **Eiswüste, Tundra** (Kältesteppe, baumloses Grasland), **Taiga** (Bezeichnung für Borealen Nadelwald in Sibirien)
- Klima der Polarzonen: sehr niedrige Temperaturen und sehr geringe Niederschläge (Polarklima); niedrige Temperaturen, Temperatur- und Niederschlagsmaximum im Sommer, geringer Jahresniederschlag (Subpolarzone der Tundra)
- Boden: Vorherrschend sind Gley sowie Podsol.

- **Borealer Nadelwald:** Nur auf der Nordhalbkugel (fehlende Landmassen auf der Südhalbkugel auf entsprechender geografischer Breite). Die ausgedehnten Nadelwälder bilden das größte zusammenhängende Waldgebiet der Erde. Der Nadelwald ist an das Klima und die kurze Vegetationsperiode angepasst (kälteresistente Nadeln). Charakteristisch für den Borealen Nadelwald ist die geringe Biomassenproduktion, die **Artenarmut** sowie der **Podsolboden**.
- Eisfreie Räume der Polarzonen sind durch **Permafrostboden** geprägt, einem dauerhaft gefrorenen Boden, welcher in den Sommermonaten kurz auftauen und ein sogenanntes **Bodenfließen** hervorrufen kann.
- Wirtschaftliche Nutzung: **Nomadismus** (Viehzucht), Forstwirtschaft, Abbau von Ressourcen

GEOZONEN   Checkliste

Überprüfen Sie Ihre Kenntnisse zu folgenden Bereichen:
→ Bedeutung und Funktion des Bodens; Bodenhorizont, Bodenarten, Bodentypen, Gefährdungen des Bodens wie Erosion, Desertifikation, Bodenversalzung, Ursachen für Bodendegradation
→ Syndrom-Ansatz
→ Maßnahmen des Bodenschutzes
→ Bedeutung und Nutzung von Wasser; virtuelles Wasser; Konzept des Wasserfußabdrucks; Wasserknappheit (Konflikte um Wasser); Wasserkreislauf; Dürre und Trockenphasen; Überschwemmung
→ Wetter, Witterung und Klima; Klimaelemente; Klimadiagramm lesen und deuten; Klimawandel
→ Geozone/Landschaftszone, Klimazone, Vegetationszone
→ Ökosystem Tropischer Regenwald, mediterrane Subtropen, Borealer Nadelwald

ROHSTOFFE UND ENERGIE

Grundlagen

Ein in vielen Staaten vorherrschender hoher Lebensstandard und eine wachsende Weltbevölkerung sorgen weltweit für einen großen Energie- und Rohstoffhunger. Die ungleiche Verteilung von Rohstoffen führt zu einem globalen Rohstoffmarkt. Der Mangel an bestimmten Rohstoffen kann sogar zu politischen Konflikten führen.

ZENTRALER BEGRIFF – ROHSTOFFE

Als **Rohstoffe** bezeichnet man unverarbeitete Grundsubstanzen, die man je nach Herkunft und Verwendung in verschiedene Bereiche einteilt.

Primärrohstoffe stammen im Wesentlichen aus natürlichen Quellen, z. B.:

Primärrohstoff	Beispiel
metallischer Rohstoff	Erz
mineralischer Rohstoff	Dolomit, Quarz
Energierohstoff	Kohle, Erdgas
Agrarrohstoff	Holz, Nahrungsmittel

- Tierische oder pflanzliche Rohstoffe zählen ebenfalls zu den Primärrohstoffen, sind jedoch im Gegensatz zu anderen Rohstoffen **regenerierbar**.

- Werden Materialien wiederaufbereitet und sind damit wieder ein Teil des Produktionsprozesses, spricht man von **Sekundärrohstoffen**. Diese werden durch **Recycling** (etwa von Glas oder Papier) gewonnen.

- Keine Rohstoffe zu verschwenden und die verwendeten Primärrohstoffe möglichst lange im Wirtschaftskreislauf zu erhalten – das ist das Ziel des Konzepts *cradle to cradle*.

C2C – CRADLE TO CRADLE

- C2C bedeutet „von der Wiege bis zur Wiege".
- Es ist ein Ansatz, der konsequent Ressourcen einsparen möchte, um nachhaltig mit den eingesetzten Rohstoffen umzugehen.
- Nach Ablauf des Lebenszyklus eines Produkts soll dieses nicht entsorgt, sondern es sollen Bestandteile des Produkts möglichst wiederverwendet werden.
- Der Hersteller spart damit Teile des Rohstoffeinkaufs ein.

- Ein Vorkommen, dessen Lagerstätte bekannt und nach wirtschaftlich-technischen Gesichtspunkten abbauwürdig erscheint, bezeichnet man als **Reserve**.

- **Ressourcen** dagegen sind nicht abbauwürdig, weil eine Förderung beispielsweise technisch zu aufwändig ist, um den Rohstoff gewinn-bringend zu verkaufen.

- Da sich der Stand der Technik sowie die **Nachfrage** nach bestimmten Rohstoffen ständig ändern, können Vorkommen, die als nicht rentabel definiert wurden, durchaus zukünftig zu einer Reserve werden.

- Energierohstoffe werden zu **Nutzenergie** weiterverarbeitet, auf dem Weg von **fossilem Energieträger** zu elektrischer Energie ergeben sich diverse Umwandlungs- und Transportverluste.
  → Beispiele für Nutzenergie sind elektrische Energie und Heiz-wärme.

- Als **Sekundärenergie** werden weiterverarbeitete Produkte verstan-den, z. B. Briketts, Benzin, Holzkohle.

- Generell unterscheidet man bei den Primärenergieträgern zwischen fossilen Energieträgern, die nicht erneuerbar sind (etwa Braun- und Steinkohle), und **regenerativen** Energieträgern.
  → Auch Kernbrennstoffe wie beispielsweise Uran zählen zu den Primärenergieträgern.

Einzelne Rohstoffe und Energieträger

Kohle

* Vor Millionen Jahren begann der **Inkohlungsprozess**, durch welchen sich **Kohleflöze** bildeten, die heute abgebaut werden.

  → Im warmen und feuchten Klima bildeten sich große Sumpfwälder und Moore, die aufgrund einer Absenkung überflutet wurden.

  → Die Pflanzen vermoderten nicht, weil sie durch das Wasser luftdicht abgeschlossen waren, sodass sich **Torf** bildete.

  → Durch den Druck der darüber liegenden Bodenschichten und hohe Temperaturen entstand schließlich Kohle.

* Je nach Zugänglichkeit wird Kohle im **Tagebau** unmittelbar an der Erdoberfläche oder unter Tage (**Untertagebau**) abgebaut.

Tagebau	Untertagebau
hoher technischer Aufwand (z. B. durch Schaufelradbagger, Absetzer)	sehr hoher technischer Aufwand, um unterirdische Hohlräume und Schächte zum Abbau von Rohstoffen zu schaffen
Arbeit über Tage	Arbeit unter Tage
großer Landschaftsverbrauch an der Erdoberfläche, starke Landschaftsveränderung und Landschaftszerstörung, teilweise Umsiedlung ganzer Gemeinden, Umsiedlung von Tieren	geringerer Landschaftsverbrauch an der Erdoberfläche
Einfluss auf den Grundwasserspiegel	Einfluss auf den Grundwasserspiegel
mögliche Absackungen	mögliche Senkungen und Bergschäden
nach Beendigung der Förderung: Rekultivierung der Flächen	nach Beendigung der Förderung: Verfüllen bzw. Pflege der Schächte

* In Deutschland wird Braunkohle im Tagebau abgebaut, Steinkohle dagegen wurde unter Tage gefördert.

* Im Jahr 2018 endete in Deutschland der Steinkohleabbau.

* Zu den gegenwärtig wichtigsten Förderländern von Steinkohle gehören China, USA, Indien, Indonesien und Australien.

BRAUNKOHLEFÖRDERUNG IN DEUTSCHLAND

- aktive Braunkohlereviere in Deutschland:
  Rheinisches Revier, Lausitzer Revier, Mitteldeutsches Revier

- Die Bedeutung der Braunkohleförderung liegt v. a. in der
  Verstromung (Kraftwerke liegen in unmittelbarer Umgebung der
  Tagebaue).

- Befürworter der Kohle betonen die **Importunabhängigkeit** durch den
  heimischen Rohstoff als sicheren Energieträger.

- Die regionale Bedeutung ist v. a. aufgrund der Anzahl der direkt und
  indirekt geschaffenen Arbeitsplätze – trotz eines hohen **Mechanisie-
  rungsgrades** – hoch.

- Ein Tagebau in Betrieb zu nehmen, bedeutet für die Landschaft, Flora
  und Fauna Zerstörung. Auch Kulturland muss dem Bergbau weichen,
  ebenso müssen Gewässer verlegt und die gesamte Infrastruktur (z. B.
  Straßen, Gleisanlagen) verändert werden.

- Je nach genehmigtem Abbaugebiet werden auch Höfe, Dörfer und
  Gemeinden **umgesiedelt**, die alten Siedlungen werden abgerissen.

- Für Einwohner, die ihre Heimat verlieren, und Gemeinden, die ihre
  gewachsenen Strukturen und die historische Bausubstanz aufgeben
  müssen, ist die Umsiedlung ein emotionales Thema.
  Die Tagebaubetreiber versuchen daher, ganze Nachbarschaften
  gemeinsam umzusiedeln und an dem neuen Ort eine ausgebaute
  Infrastruktur (Kindergarten, Spielplatz, Sportanlagen) zu schaffen, um
  die Umsiedlung möglichst sozialverträglich zu gestalten.

- Nach Beendigung der Bergbautätigkeiten erfolgt die Wiederherstel-
  lung der Landschaft, die **Rekultivierung**.

- Bei der Rekultivierung können vorher landwirtschaftlich genutzte Flächen wiederhergestellt werden, ebenso ist die Schaffung ganz neuer
  Landschaften möglich (durch Aufforsten, Halden, **Restseen**).

- Die Förderung von Braunkohle ist umstritten, u. a. auch, weil das Ver-
  brennen große Mengen an Kohlenstoffdioxid verursacht.

STELLUNGNAHME EINÜBEN

- Gerade bei kontrovers diskutierten Themen wie der Verstromung von Braunkohle in Deutschland sollten Sie die aktuelle Berichterstattung im Blick haben.

- Bereiten Sie sich auf eine Aufgabe vor, in welcher man eine persönliche Stellungnahme oder eine Beurteilung von Ihnen z. B. hinsichtlich der Nachhaltigkeit oder der Zukunftssicherheit der deutschen Braunkohle verlangt.

- Benennen Sie in einer solchen Aufgabe jeweils Vor- und Nachteile des Energieträgers und gewichten dann Ihre Argumente, um anschließend zu einem Fazit/zu einer Beurteilung zu kommen.

- Beachten Sie, dass auch das Thema Energieversorgung in einem größeren Zusammenhang gesehen werden kann, z. B. mit den Bereichen Wirtschaft/Strukturwandel oder dem Thema Klimawandel/globale Erwärmung.

Erdöl

- Vor Jahrmillionen entstand ein dickflüssiges, fast schwarzes Ölgemisch, die genaue Entstehung von Erdöl ist jedoch nicht umfassend geklärt.

- Man geht davon aus, dass Erdöl aus organischem Material besteht, welches auf den Meeresboden sank und sich dort in der Tiefe mit anderen Materialien vermischte, sodass sich Schlamm bildete.
  - → Unter Ausschluss von Sauerstoff und unter der Last, die auf den Schlamm drückte, wandelte sich dieser **Faulschlamm** allmählich um. Mithilfe von hohen Temperaturen und Bakterien entstand so zunächst Primär**bitumen**, später Erdöl bzw. Erdgas.

- Schon in der Frühgeschichte wurden Ölprodukte durch den Menschen verwendet (z. B. als Teil von Waffen, zum Abdichten).

- Die industrielle Förderung begann erst im 19. Jahrhundert (erste **Ölquellen**) und war der Startschuss des Öl-Booms in den USA.
  - → Mittels einer Bohrung werden Lagerstätten an Land und auf hoher See (Bohr- bzw. Förderplattform) erschlossen.

- Heute stellt Erdöl einen der **wichtigsten Energieträger** weltweit dar, vor allem im Straßen- und Luftverkehr sowie in der Schifffahrt ist der Verbrauch hoch.

- Auch für Ölheizungen, für Kunststoffe, kosmetische Produkte und viele Alltagsprodukte wird Erdöl verwendet, daher scheint eine Welt ohne Öl kaum vorstellbar.

- Die Lagerstätten sind weltweit ungleich verteilt, hohe **Ölreserven** haben etwa die Staaten Saudi-Arabien, Kanada, Iran, Irak, Kuwait, Venezuela, die Vereinigten Arabischen Emirate und Russland.

- Derzeit sind 14 Staaten Mitglied der **OPEC** (Organisation erdölexportierender Länder), die durch Absprachen hinsichtlich der Fördermengen und des Verkaufspreises von Erdöl einen starken Einfluss auf dem Weltmarkt haben.

- Aufgrund der hohen **Nachfrage** stellt Erdöl für die Förderländer ein wesentliches Exportgut dar, die wirtschaftliche Bedeutung ist sehr hoch.

- Das Potenzial politischer Konflikte um das Erdöl selbst oder um die Frage, welche Akteure welche Ziele mit den Öleinnahmen verfolgen, ist sehr hoch.

- Um den Energiehunger zu decken, Vorkommen im eigenen Land zu erschließen und damit möglicherweise auf Importe verzichten zu können, wurden neue, sehr umstrittene Verfahren entwickelt, um Erdöl und Erdgas zu fördern.
  - → Umweltschützer kritisieren die neuen Verfahren und verweisen z.B. auf den hohen Landschaftsverbrauch (Ölsandabbau), den massiven Eingriff in Ökosysteme (Tiefseebohrung) und auf die Gefahr, dass Chemikalien in das Grundwasser gelangen können (Fracking).

1	**Förderung in der Tiefsee mittels Offshore-Technik:** Konzerne vermuten in großer Tiefe der Weltmeere förderbare Vorkommen.
2	**Förderung von Schiefergas mittels Fracking-Verfahren** (Hydraulic Fracturing): Unter hohem Druck werden Flüssigkeiten (Wasser sowie Chemikalien) in den Untergrund geleitet, sodass im Gestein Risse entstehen, durch welche Gas entweichen und gefördert werden kann. Umsetzung z.B. in den USA, eine Förderung in Deutschland ist bislang verboten.

3	**Förderung von Ölsanden:** Neben seinem Hauptbestandteil Sand besteht Ölsand aus Wasser, Ton und Bitumen. Mithilfe großer Mengen an Energie, Wasser und Chemikalien kann man aus Ölsand Erdöl gewinnen; Umsetzung z. B. in Kanada, Provinz Alberta (Abbau im Tagebau).

Metallische Rohstoffe

* Metallische Rohstoffe gliedert man in **Leicht- und Schwermetalle sowie Edelmetalle** (Gold, Silber).

* Die Wirtschaftskraft vieler Industrienationen ist von den **Importen** metallischer Rohstoffe abhängig, die begehrten Rohstoffe werden beispielsweise in folgenden Wirtschaftsbereichen verwendet:

Rohstoff	Verwendung
Eisenerz	Stahlindustrie, Automobilindustrie, Motorenteile, Bleche, Rohre
Aluminium	Flugzeugbau, Leitungen
Kupfer	Elektroindustrie, Kabel, Elektroden
Zink	Verzinkung in der Automobilindustrie, Leitplanken

* Im Inneren von Elektromotoren, Flachbildschirmen, Fotovoltaikanlagen und Smartphones stecken zahlreiche metallische Rohstoffe sowie Metalle der sogenannten **Seltenen Erden**.

* Einige dieser Metalle der Seltenen Erden kommen recht häufig in der Erdkruste vor, andere dagegen verfügen über Lagerstätten mit recht kleinen Vorkommen.

* Die weltweit hohe Nachfrage nach metallischen Rohstoffen sorgt in einigen Staaten für Konfliktpotenzial hinsichtlich der Frage, welche Gruppen die Förderstätten kontrollieren.

Regenerative Energien

* Ein zentraler Bestandteil der **Energiewende** Deutschlands ist die Förderung regenerativer Energien und damit die allmähliche Abkehr von fossilen Energieträgern.

* Das Energiekonzept wurde durch den Ausstieg aus der **Atomenergie** ergänzt.

- Für die Umsetzung des Konzepts sind auch Fragen der **Energie-effizienz** sowie des Ausbaus der **Energieinfrastruktur** (Netzausbau) relevant.

- Wesentliche Gründe für die angestrebte Energiewende liegen in der **Endlichkeit** fossiler Energieträger, dem **Klimaschutz** und dem Ziel einer sicheren, nachhaltigen, bezahlbaren, langfristigen und möglichst importunabhängigen **Versorgungssicherheit** für eine Industrienation mit über 80 Millionen Einwohnern.

- Solarzellen in **Fotovoltaikanlagen** wandeln Sonnenlicht direkt in elektrischen Strom um und sind unter der Voraussetzung von Lichteinfall prinzipiell das ganze Jahr über einsetzbar.

- Die höchsten Jahressummen an Globalstrahlung finden sich in Deutschland in Süddeutschland und Teilen Ostdeutschlands.

- Die Herstellung der Zellen selbst erfordert einen hohen Energieaufwand, bei einer Lebensdauer von bis zu 30 Jahren können Anlagen an einem geeigneten Standort jedoch ein Vielfaches ihrer **Produktions-energie** erzeugen.

- Werden Anlagen auf Dächern installiert, kommt es zu keinen **Flächennutzungskonflikten** mit zum Beispiel einer landwirtschaftlichen Nutzung.

- Das Prinzip, mithilfe von Wind- und Wasserkraft Energie zu erzeugen, ist seit Jahrtausenden bekannt und wird in modernen Anlagen umgesetzt.

- **Windkraftanlagen** wurden dabei im Laufe der Zeit immer höher, um möglichst viel Energie zu erzeugen. Alte, kleinere Anlagen werden daher teilweise durch neuere ersetzt.

- Standorte orientieren sich an der durchschnittlichen Windgeschwindigkeit, die gerade an den Küsten und in Gebirgslagen besonders hoch ist.

- Technisch möglich sind neben Anlagen an Land (*on-shore*) auch **Offshore-Anlagen.**

- Hinsichtlich des Ausbaus gibt es deutliche Beschränkungen, um den Eingriff in die Natur und die Beeinträchtigung von Anwohnern durch Geräuschbelästigung und Schattenwurf möglichst gering zu halten.

- Diese Vorgaben betreffen beispielsweise einen Mindestabstand zu Siedlungen, Infrastruktureinrichtungen und Naturschutzgebieten sowie Einschränkungen an Standorten, die als Routen von Zugvögeln oder als Heimat bedrohter Tierarten gelten.

* Bei der Nutzung von **Wasserkraft** steht bei der Suche nach geeigneten Standorten vor allem die Frage nach der **Menge des Wassers** und des **Höhenunterschieds**, welchen z.B. ein Fluss überwindet, im Vordergrund.

* Da Fließgewässer im Gegensatz zu anderen regenerativen Energieformen ständig Energie erzeugen können, wird Wasserkraft als **grundlastfähig** eingestuft.

BELASTUNG EINES STROMNETZES

* Energiemengen, die ständig nachgefragt werden (z.B. durch rund um die Uhr arbeitende Industriebetriebe) werden als **Grundlast** bezeichnet.

* Eine erhöhte Nachfrage von Energie aufgrund von Jahres- oder Tageszeiten wird als **Spitzenlast** bezeichnet.

* Bestimmte erhöhte Nachfragezeiträume wiederholen sich täglich, so gibt es in Deutschland eine Spitzenlast im Mittagsbereich. Diese Beobachtungen werden mit den zu erwartenden Einspeisungen (durch Windkraft-, Fotovoltaikanlagen) aufgrund der aktuellen Wetterlage verknüpft, sodass ein intelligentes Kraftwerksmanagement entsteht.

* Kommt es zu unvorhersehbaren Spitzenlasten, können Leistungen entsprechender Kraftwerke (z. B. Pumpspeicherkraftwerke) zusätzlich abgerufen werden.

* Vorteile der Wasserkraft sind die relativ geringen Kosten der Stromerzeugung sowie die geringen **CO_2-Emissionen**.

* Ein Großteil des in Deutschland durch Wasserkraft erzeugten Stroms stammt aus Anlagen in Süddeutschland.

* Auch für Anlagen der Wasserkraft gelten Bestimmungen z. B. zum Schutz von Fischen und Organismen.

* Sie stehen damit in Konkurrenz zu Nutzungen durch die Schifffahrt, weshalb das Potenzial der Wasserkraft in Deutschland nur ansatzweise genutzt werden kann.

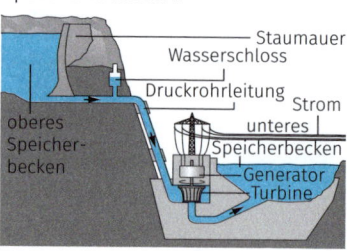

Verschiedene Typen von Wasserkraftwerken

- Auch organisches Material kann dazu dienen, Strom zu produzieren, indem z. B. Hausmüll oder Gülle (**Biomasse**) verwendet wird.

- Vorteile der Stromerzeugung aus Biomasse sind zum einen die flexible Standortwahl der Anlagen und zum anderen die Unabhängigkeit von äußeren Einflüssen wie Lichteinfall oder Windgeschwindigkeit.

- Werden für Biomasseanlagen jedoch **Energiepflanzen** angebaut, die dann in den Anlagen durch Mikroorganismen in einen Gärprozess überführt werden, ist die Stromproduktion sehr flächenintensiv.

- Häufig wird für die Anlagen nur eine Pflanzenart in großen **Monokulturen** angebaut, damit steht der Anbau von Energiepflanzen (z. B. Mais) in direkter Konkurrenz zum Anbau von Nahrungsmitteln oder Futtermais.

ROHSTOFFE UND ENERGIE — Checkliste

Überprüfen Sie Ihre Kenntnisse zu folgenden Bereichen:
→ Primär- und Sekundärrohstoffe voneinander unterscheiden können
→ Ziele des C2C-Ansatzes
→ Reserve und Ressource
→ Prozess der Inkohlung
→ Unterschiede und Gemeinsamkeiten von Tagebau und Untertagebau
→ Formen der Rekultivierung (Braunkohleabbau)
→ Entstehung von Erdöl
→ Neue Verfahren zur Erdölförderung
→ Metallische Rohstoffe und ihre Verwendung
→ Gründe für die Energiewende in Deutschland
→ Vor- und Nachteile regenerativer Energieträger
→ Flächennutzungskonflikte zwischen Energieproduktion und Landwirtschaft
→ Erläuterung der Begriffe Grundlast und Spitzenlast

LANDWIRTSCHAFT

Voraussetzungen

Landwirtschaftliche Produktion stellt eines der zentralen Themen der Geografie dar, weil die Erzeugung von Nahrungsmitteln unter den jeweiligen natürlichen Bedingungen eines Raumes im Vordergrund steht. Die Landwirtschaft ist mittlerweile Teil des internationalen Handels, so sind in diesem Themenbereich auch wirtschaftlich-politische Aspekte von Bedeutung.

- Zu den wichtigsten **naturräumlichen Bedingungen** für landwirtschaftliche Produktion zählen Boden, Klima und Relief.
- Je nach vorliegenden Eigenschaften ordnet man jedem Bodentyp einen **Bodenwert** (auch: Ackerzahl) zu, welcher auf die **Ertragsfähigkeit** des Bodens schließen lässt.
  → In Deutschland orientiert man sich dabei an der fruchtbaren Magdeburger Börde (Bodenwertzahl 100) (siehe Grafik auf Seite 42). Liegt der Wert unter 40, handelt es sich um **Grenzertragsböden**, auf denen eine wirtschaftliche Rentabilität gefährdet sein kann (durch zu wenig Ertrag und die Notwendigkeit des Einsatzes von Dünger etc.).
- Zu den weiteren naturräumlichen Bedingungen für landwirtschaftliche Produktion zählt die Menge des Niederschlags (Jahresniederschlag) sowie dessen Verteilung über das Jahr, weil Kulturpflanzen generell mehr Niederschlag in der Wachstumsphase benötigen als z. B. in der Reifephase.
- Schwankt der Jahresniederschlag von Jahr zu Jahr deutlich, kann dies Risiken für den Landwirt darstellen.
  Eine solche **Variabilität des Niederschlags** ist in speziellen Grafiken ablesbar:

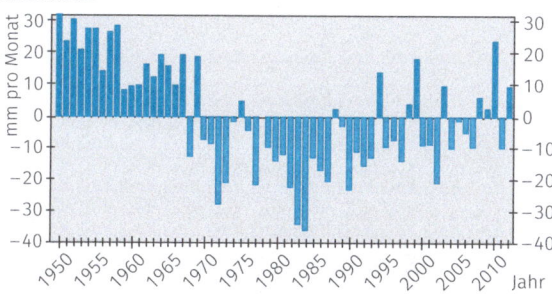

BÖRDEN IN DEUTSCHLAND

- Eine **Börde** ist eine Form der **Kulturlandschaft**, welche v. a. in Nord- und Mitteldeutschland vorkommt.
- In der Regel sind Börden waldarme und relativ flache Landschaften.
- Börden werden landwirtschaftlich genutzt, z. B. durch den Anbau von Zuckerrüben oder Getreide.
- Börden verfügen über **Lössboden**, der sehr fruchtbar, sehr feinkörnig und leicht bearbeitbar ist.
- Lössboden entstand in einer erdgeschichtlichen Kaltzeit und lagerte sich durch Auswehung (äolisch) ab.
- Löss ist ein sehr gutes Ausgangsmaterial für die Bodenbildung, Böden auf Löss sind z. B. Braun- und Schwarzerden.
- Auch **Gäulandschaften** sind von Löss bedeckt und werden landwirtschaftlich genutzt, ihr Vorkommen konzentriert sich auf Regionen in Süddeutschland.

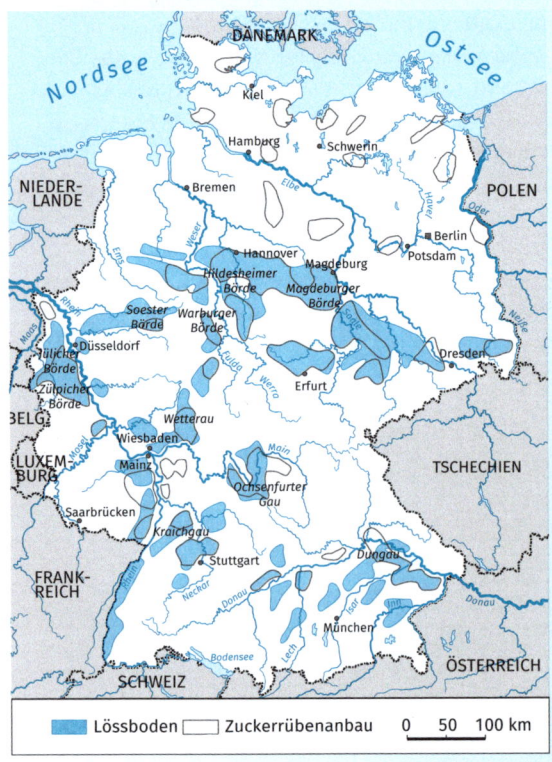

- Dabei bildet das Diagramm die Differenz zwischen dem gemessenen Jahresniederschlag eines Jahres und dem langjährigen Durchschnittswert des Jahresniederschlags an einem Ort ab.

- Jede Pflanze hat einen anderen Verbrauch an Wasser, grundsätzlich kann man sich hinsichtlich des Wasserbedarfs an den Trockengrenzen orientieren:

  → Die **klimatische Trockengrenze** ist definiert als Zustand, in welcher die jährliche Verdunstung höher ist als der Jahresniederschlag an einem Ort. Kann aufgrund von fehlendem bzw. nicht ausreichenden Niederschlag kein **Regenfeldbau** mehr betrieben werden, so ist die **agronomische Trockengrenze** erreicht. Diese kann als **Ungunstfaktor** der Landwirtschaft bedeuten, dass kein Ackerbau betrieben werden kann. Alternativ kann fehlender Niederschlag durch eine **künstliche Bewässerung** ausgeglichen werden.

- Darüber hinaus wird eine bestimmte Temperatur benötigt, damit Kulturpflanzen reifen können; diese ist von den Einstrahlungsverhältnissen abhängig und orientiert sich an der geographischen Breitenlage.

Abi Tipp

NATÜRLICHE VORAUSSETZUNGEN ANALYSIEREN

In Prüfungen werden Sie häufig dazu aufgefordert, die natürlichen Bedingungen eines Standorts für eine landwirtschaftliche Produktion zu erläutern.

→ Gehen Sie dabei geordnet vor, beginnen Sie beispielsweise mit Ausführungen zur Bodenqualität, der Ausprägung des Reliefs und fahren Sie mit den Bereichen Niederschlag und Temperatur fort.

→ Hierbei sollten Sie auch die Einordnung in die Klima- und Vegetationszonen erwähnen.

→ In der Regel erhalten Sie Materialien zu den naturräumlichen Voraussetzungen sowie Informationen zu den Wachstumsansprüchen einer bestimmten Kulturpflanze.

→ Gleichen Sie dann die Ansprüche der Pflanze (z. B. sehr hoher Wasserbedarf in der Wachstumszeit) mit den gegebenen Bedingungen (z. B. häufige Dürregefahr) ab und kommen zu einem begründeten Fazit, inwieweit ein Standort etwa zum Anbau geeignet ist.

● Informationen zur Temperaturentwicklung innerhalb eines Jahres können anhand eines Klimadiagramms (siehe Seite 25) ermittelt werden, zusätzliche Auskünfte liefert ein **Thermoisoplethen-diagramm**.

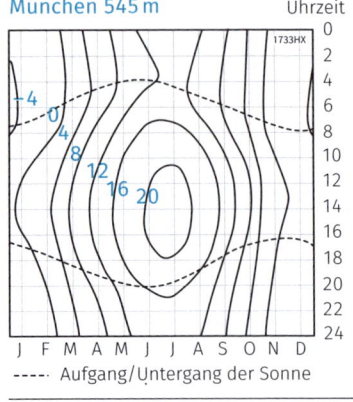

München 545 m   Uhrzeit

---- Aufgang/Untergang der Sonne

Beispiel für München

Dieses enthält im Gegensatz zu einem Klimadiagramm nur Daten zur Temperatur. Mittels der Thermoisoplethen (Linien, die die gleiche Temperatur anzeigen) kann sowohl der Jahresverlauf als auch der **Tagesverlauf der Temperatur** abgelesen werden (z.B. die Maximaltemperatur eines Monats). Weitere Einflussgrößen sind die Höhe über dem Meeresspiegel (Höhengrenze) sowie die Entfernung zum Meer (**ozeanisches bzw. kontinentales Klima**).

● Für Ackerbau sollte generell die **Kältegrenze** (Polargrenze) nicht erreicht werden, was wiederum abhängig von der jeweiligen Pflanze ist. So liegt die **Anbaugrenze** für Zitrusfrüchte auf der Nordhalbkugel weitaus südlicher als etwa die von Weizen.

1	**Wachstumszeit:** Monatsmittel der Temperatur beträgt > 10 °C
2	**Vegetationsperiode:** Monatsmittel der Temperatur beträgt > 5 °C
3	**Vegetationsruhe:** Monatsmittel der Temperatur beträgt < 5 °C, kaum Pflanzenwachstum möglich.

● Neben natürlichen Bedingungen gibt es bei der Erzeugung pflanzlicher und tierischer Rohstoffe auch wirtschaftliche Aspekte zu bedenken wie etwa die Nachfrage und Wünsche der Konsumenten sowie der **Absatzmarkt** produzierter Güter.

● Neben einem direkten, lokalen Absatzmarkt (z.B. Direktvermarktung ab Hof) sind durch technische und logistische Möglichkeiten und Formen der Kühlung, Verpackung und Konservierung globale Vertriebswege keine Seltenheit.

* Bevor es diese Möglichkeiten gab, spielte die **Haltbarkeit von Waren** sowie ihr Produktions- und Verkaufsort eine sehr große Rolle, damit ein Betrieb rentabel arbeiten konnte.

* Da mit zunehmender Entfernung vom Verkaufsort darüber hinaus die **Transportkosten** anstiegen, galt es – dem Modell nach Johann Heinrich von Thünen (1783–1850) folgend – verderbliche und schwere Waren möglichst in der Nähe des Marktes zu produzieren.

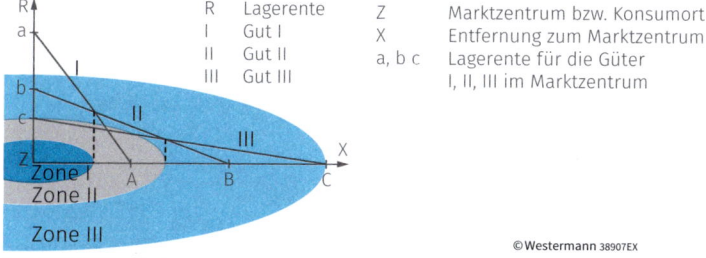

Transportkosten-Modell nach Thünen

* Geprägt ist die deutsche Landwirtschaft durch **Großbetriebe**, daneben gibt es auch andere **Betriebsformen** wie z. B. **Nebenerwerbsbetriebe** oder kleinere Betriebe in Familienbesitz.

* Gesetzliche Vorgaben (z. B. zur Tierhaltung) beeinflussen ebenso wie **agrarpolitische Maßnahmen** die Arbeit eines Landwirts. Ein Beispiel für den Einfluss politischer Institutionen auf den Wettbewerb ist die **GAP** (Gemeinsame Agrarpolitik) der EU. Ihre Instrumente reichen von Preisgarantien über Vergünstigungen bis hin zu **Subventionen**.

Landwirtschaft in den Tropen

Große Flächen der Tropen werden weltweit von Großbetrieben bewirtschaftet, kleinräumige Flächen dagegen häufig in Form der **Subsistenzwirtschaft**.

Plantagenwirtschaft	Subsistenzwirtschaft
Großbetriebe mit einigen Angestellten (häufig nur in der Erntesaison)	kleine Betriebe, oft Familienbetriebe
stark mechanisiert	überwiegend Handarbeit, traditionelle Anbauformen
kapitalintensiv	kaum Investitionen möglich
gut angebunden an die Infrastruktur	periphere Lage
sehr große zusammenhängende Flächen	kleine Flächen

Plantagenwirtschaft	Subsistenzwirtschaft
Anbau von Kulturpflanzen in **Monokulturen**	Anbau in Mischkulturen, häufig Ackerbau und Viehzucht
einseitige Auslaugung des Bodens durch Dauerkulturen, massive Auswirkungen auf das Ökosystem	In der Regel kann die Auslaugung durch Fruchtfolge, Mischkultur und Brachezeit vermieden werden.
anfällig gegenüber Pilz- oder Schädlingsbefall, daher vermehrter Einsatz von Fungiziden oder Pestiziden	weniger anfällig gegenüber Pilz- oder Schädlingsbefall
Anbau von **cash crops** für den Export, typische Beispiele sind Kaffee, Tee, Palmöl, Banane, Ananas.	Anbau von **food crops** zur Eigenversorgung. Überschüsse werden auf dem lokalen Markt verkauft.

- Um trotz des Ungunstfaktors Boden erfolgreich Landwirtschaft in den Tropen betreiben zu können, passten Kleinbauern ihre Wirtschaftsweise an das empfindliche Ökosystem der Tropen (siehe S. 28) an.

- Eine traditionelle Landnutzungsform stellt der **Wanderfeldbau (shifting cultivation)** dar, bei welchem auf einem kleinen Feld *food-crops* angebaut werden. Nährstoffe sind durch die Düngung mittels **Brandrodung** kurzfristig vorhanden, jedoch gehen die Erträge nach einigen Jahren deutlich zurück, da der Boden der Tropen Nährstoffe nicht speichern kann. Ein weiteres Feld wird daher gerodet, die alte Parzelle wird aufgegeben, und je nach Entfernung wandert die Familie dem neuen Feld hinterher. Erst nach vielen Jahren entwickelt sich auf den verlassenden Feldern wieder **Sekundärwald**.
  → Aufgrund des Flächenbedarfs und des geringen Ertrags stellt der Wanderfeldbau eine Landnutzung dar, die sich ausschließlich in dünn besiedelten Räumen umsetzen lässt. Steigt der **Bevölkerungsdruck** in einem Raum, müsste mehr Fläche gerodet werden.

- Das **Ecofarming** dagegen versucht, zusammen mit dem Ökosystem des Tropischen Regenwaldes Landwirtschaft zu betreiben und den Nährstoffkreislauf weitestgehend zu erhalten. Hierzu werden Bäume in das System integriert, um den Stockwerkbau nachzuahmen und Kulturpflanzen Schatten zu bieten, zudem liefern Obstbäume Früchte sowie Brennholz und durch herabfallendes Laub produziert das obere Stockwerk neue Nährstoffe. Pflanzenreste können von gehaltenem Vieh gefressen werden, ihre Gülle wiederum dient als Dünger.

- Während Kleinbauern ihre Produkte häufig direkt vermarkten können, bestehen für Waren, die für den globalen Markt produziert werden, verschiedene Vertriebswege.

- Die **traditionelle Wertschöpfungskette** beinhaltet neben dem Produzenten selbst und dem Handel eine Vielzahl an weiteren Akteuren (z.B. Transport, Importeur, Großhandel), die Teilhabe am Erlös haben.

- Große Agrarkonzerne konzentrieren diverse Schritte der Wertschöpfungskette innerhalb ihres Unternehmens, sodass Großkonzerne Plantagen im Erzeugerland besitzen und dort auch Verpackung, Transport und Vermarktung übernehmen (**hoch integrierte konventionelle Wertschöpfungskette**). So sichern sich Großunternehmen einen Großteil des Gewinns.
  → Großen **Multis** wird vorgeworfen, ihren Arbeitern sehr geringe Löhne zu zahlen und sie teils schlechten Arbeitsbedingungen auszusetzen.

- Um die Situation für Plantagenarbeiter und Kleinbauern, deren Produkte einem schwankenden **Weltmarktpreis** unterliegen, zu verbessern, wurde vor vielen Jahren das **fair-trade**-Programm entwickelt. Es soll existenzsichernde Löhne für Angestellte garantieren und den Produzenten vor Ort die Möglichkeit geben, in bestimmte Projekte zu investieren. Darüber hinaus verfolgt die Zertifizierung das Verbot von Kinderarbeit, das Einhalten von Arbeitsschutzmaßnahmen für Arbeiter sowie einen insgesamt nachhaltigen Umgang mit der Natur. Der Endverbraucher erkennt die Produkte an dem fair-trade-Siegel.

Landwirtschaft in den Subtropen

Landwirtschaftliche Produktion in den Subtropen ist beständig mit der Frage der Wasserverfügbarkeit konfrontiert.

In **Trockenräumen** ist intensive Landwirtschaft in der Regel nur mit künstlicher Bewässerung möglich. Grundsätzlich unterscheidet man drei verschiedene Bewässerungsarten:

	Oberflächen-bewässerung	Beregnungs-bewässerung	Tröpfchen-bewässerung
Definition	(Kanal- oder Furchenbewässerung): Versorgung der Felder durch offene Kanäle	(Karussellbewässerung): Felder werden in kreisrunder Form beregnet	Bewässerung erfolgt durch vorher (ober- oder unterirdisch) verlegte Schläuche
Vorteile	• einfache Form, kostensparend • wenig Know-how notwendig	• Automatisierung möglich • für viele niedrigwachsende Anbauarten geeignet • neben Wasser können auch Düngemittel ausgebracht werden	• hohe Effizienz, da Menge des zugeführten Wassers sowie Zeitpunkt genau bestimmt werden können • wassersparend • automatisiertes, computergesteuertes Verfahren
Nachteile	• Eignung nur auf relativ ebenen Flächen (bei abschüssigem Gelände: Terrassierung) • sehr hohe Versickerungsverluste, v. a. wenn der Boden Wasser gut leiten kann • sehr hohe Verdunstungsverluste durch offene Gräben, daher wenig effizient • hohe Gefahr der Bodenversalzung	• Flächen sollten nicht zu abschüssig sein • technisches Know-how für Steuerung und Wartung nötig • kapitalintensiv (Anschaffungskosten) • Verdunstungsverluste • Benetzung der Pflanzen begünstigt Schädlingsbefall • starker Wind erschwert zielführende Bewässerung	• technisches Know-how für Steuerung und Wartung ist nötig • sehr kapitalintensiv (Anschaffungskosten) • Eignung v.a. für Dauerkulturen, die mit großem Abstand gepflanzt werden (z. B. Palmen)

• Je nach Herkunft des Wassers (etwa nicht erneuerbares Grundwasser), welches zur Bewässerung verwendet wird, ist der intensive Anbau wasserintensiver Kulturen in Trockenräumen als nicht nachhaltig einzuschätzen.

• Da auch andere Wirtschaftsbereiche sowie Privathaushalte Wasser benötigen, kann es in den Subtropen zu **Nutzungskonflikten** um die Ressource Wasser kommen.

ANBAU IN SÜDSPANIEN –
DAS „PLASTIKMEER" ANDALUSIENS

Die spanische Stadt El Ejido in Andalusien ist seit Jahrzehnten ein wichtiger Standort für den Anbau von Gemüse, obwohl die Region unter Wassermangel leidet.

- Aufgrund der warmen Temperaturen werden hier Millionen Tonnen Obst und Gemüse geerntet, ein Großteil der Ware wird exportiert.
- Der Anbau erfolgt in Gewächshäusern, die Kunststoffplanen bedecken eine Fläche von etwa 350 km^2.
- Die Region hat daher den Beinamen „Plastikmeer" erhalten.
- Tomaten, Gurken, Paprika, Zucchini – die wichtigsten Anbauprodukte aus der Provinz Almeria verbrauchen sehr viel Wasser.
- Der Jahresniederschlag reicht für den intensiven Anbau jedoch nicht aus, die Pflanzen werden künstlich bewässert.
- Die Landwirte verwenden für die Bewässerung Grundwasser, doch werden die Vorräte knapp.

- Dennoch wird aus verschiedenen Gründen an der intensiven Bewirtschaftung in vielen Teilen der Subtropen festgehalten (z. B. Deviseneinnahmen durch den Verkauf von *cash crops*, Unabhängigkeit von Lebensmittelimporten).

- Verschiedene Strategien wie der Anbau **dürreresistenter** Pflanzen oder das Aufbereiten von Abwässern verfolgen das Ziel eines nachhaltigen Umgangs mit Wasser.

- Auch für eine landwirtschaftliche Nutzung muss Wasser weitestgehend keimfrei sein, sodass eine aufwendige Aufbereitung städtischer Abwässer notwendig ist.

- **Meerwasserentsalzungsanlagen** können durch das produzierte Süßwasser zwar dem Wassermangel entgegenwirken, ihre Anschaffung ist jedoch sehr kostspielig und der Betrieb sehr energieintensiv.

- Eine andere Form der Landnutzung arider Regionen ist die **extensive Landwirtschaft**. Mit dieser reagiert man auf die natürlichen Bedingungen (geringer Jahresniederschlag, hohe Variabilität des Niederschlags) und nutzt extrem große Flächen extensiv, z. B. als Weideland für Viehherden. Viehzüchter können auf Dürrezeiten reagieren (Verkleinerung der Herdengröße) oder die Tiere zu weiter entfernten Weideflächen treiben.

Landwirtschaft in der Gemäßigten Zone

Einige Räume der Gemäßigten Zone gelten als dicht besiedelte Ballungsräume, gleichzeitig stellt diese Landschaftszone eine sehr intensiv bewirtschaftete Großregion dar. Unter dem Eindruck einer wachsenden Weltbevölkerung und eines globalen Markts für Nahrungsmittel hat sich die Landwirtschaft in der Gemäßigten Zone massiv gewandelt.

- In der Gemäßigten Zone dominiert die **konventionelle Landwirtschaft** die Variantenbreite der Betriebsformen.

- Diese stellt heute eine effektive Form dar, Nahrungsmittel unter Zuhilfenahme technischer Mittel zu produzieren.

- Die konventionelle Landwirtschaft hat eine starke **Intensivierung** seit den 1950er-Jahren erlebt.
  → Möglich wurden die enormen Produktivitätssteigerungen auf derselben Fläche u. a. durch den Einsatz technischer Innovationen, Dünger und Entwicklungen in der Zucht.
  → Auch der Aufbau einer leistungsfähigen Vertriebs- und Transportstruktur ist Teil der Intensivierung.

- Das Ziel vieler landwirtschaftlicher Betriebe hat sich verschoben, neben der Herstellung von Nahrungsmitteln geht es gegenwärtig auch darum, wirtschaftlich rentabel zu sein und seinen Gewinn zu maximieren.

- Intensivlandwirtschaft ist geprägt durch eine starke **Mechanisierung**, eine **Spezialisierung** (auf ein bzw. wenige Anbauprodukte), der Betrieb ist auf bestimmte Standards ausgerichtet, arbeitet mit (häufig zugekauften) Dünge- und/oder Pflanzenschutzmitteln.
  → Diese Intensivierung ist kostenintensiv, da z. B. in neue Maschinen investiert wird, um effizienter produzieren zu können.

- Mit der Intensivierung in der deutschen Landwirtschaft ging ein **Strukturwandel** einher, weg von vielen kleinen, familiengeführten Höfen hin zu kapitalintensiven, modernen Großbetrieben. So nahm die Anzahl an Betrieben in den letzten Jahrzehnten in Deutschland ab, die durchschnittlich pro Betrieb bewirtschaftete Fläche im Gegenzug zu.

- In der deutschen Landwirtschaft hieß es für viele Haupterwerbs-betriebe zu investieren und zu wachsen oder aufgeben und die Flächen z. B. an einen Großbetrieb zu verkaufen.

- Der **Preisdruck** durch zum Teil steigende Preise für Energie und Betriebsmittel, die internationale Konkurrenz auf dem Nahrungs-mittelmarkt sowie der Wunsch vieler Verbraucher nach günstigen Nahrungsmitteln verstärkte diese Entwicklungen.

STRUKTURDATEN DEUTEN

→ In einer Prüfung aus dem Inhaltsfeld Landwirtschaft erhalten Sie häufig Materialien, die auf eine bestimmte Betriebsform und Betriebsgröße schließen lassen.

→ Gehen Sie geordnet vor und untersuchen Sie die Struktur-daten hinsichtlich folgender Fragen:

→ Wie groß ist die bewirtschaftete Fläche, handelt es sich um einen kleinen Betrieb (< 10 ha) oder um einen Großbetrieb?

→ Ist der Betrieb in familiärer Führung, ist er in Besitz ausländi-scher Investoren?

→ Mit welchem Ziel werden in dem Betrieb Nahrungsmittel erzeugt?

→ Welche Produkte werden erzeugt? (z. B. Ackerbau, Viehzucht, Fischerei)

→ Welche Mengen werden pro Jahr erzeugt? (Anbau für die Eigenversorgung oder den weltweiten Markt?)

→ Wie stark ist der Betrieb spezialisiert? Wird z. B. in Monokultur angebaut?

→ Wie stark ist der Betrieb mechanisiert? Über welche (techni-sche, personelle) Ausstattung verfügt der Betrieb?

→ Welche Vermarktungsstrategien sind erkennbar? (Direktver-marktung, weltweite Exportstrukturen)

- Intensiv geführte Betriebe gleichen einem modernen Industriebetrieb, weshalb man von einer **industrialisierten Landwirtschaft** sprechen kann.

- Betriebe, die neben der Herstellung der Produkte weitere Bereiche betriebsintern vereinen, zählt man zum **Agrobusiness**.

- Charakteristisch sind agroindustrielle **vertikale Verflechtungen** (ver-tikal integriert), die mehrere Arbeitsschritte beinhalten, etwa von der

Aufzucht und Schlachtung, der Produktion von Futtermitteln, bis hin zu Verpackung und Vertrieb der Waren.

* Um langfristig erfolgreich und konkurrenzfähig zu bleiben, arbeiten große Betriebe mit Institutionen aus Wissenschaft und Forschung zusammen, um z. B. neue schädlingsresistente Pflanzensorten zu züchten. Eine räumliche Konzentration aus wissenschaftlichen Instituten, Zulieferern und Unternehmen, die miteinander in Verbindung stehen, wird als **Wirtschaftscluster** bezeichnet.

LANDWIRTSCHAFTLICHE BETRIEBE ANALYSIEREN

Trotz aller Konzentrationsprozesse liegen vielfältige Betriebsformen der landwirtschaftlichen Produktion in den Gemäßigten Breiten vor. Bei der Analyse können Sie sich an folgenden Kategorien orientieren:

→ konventionelle Produktion: effiziente Produktion, technische Hilfsmittel, offenes System (Zukauf von Jungvieh, Düngemitteln, Futtermitteln)

→ intensive Produktion: sehr effiziente industrialisierte Produktion, stark mechanisiert, stark spezialisiert, vernetzte Unternehmen, vertikal integriert

→ ökologische Produktion: effiziente Produktion unter strengeren Vorgaben, möglichst geschlossenes System (z. B. durch Anbau eigener Futtermittel), möglichst schonender Umgang mit Ressourcen

* Energieintensives und hoch mechanisiertes Agrobusiness erzeugt Nahrungsmittel, die günstig angeboten werden können, weil die Produktivität pro Fläche und Arbeitskraft sehr hoch ist.

* Die Intensivierung der deutschen Landwirtschaft bleibt nicht ohne Folgen, Umweltschützer beanstanden den hohen Flächenverbrauch für **Unterglasanbau** in Gewächshäusern und den Anbau von großflächigen Monokulturen, welche ein Problem für die **Artenvielfalt** darstellen.

* Für die Fleischherstellung bedeutet die Intensivierung der Landwirtschaft in erster Linie **Massentierhaltung**, gegen die Tierschützer massiv protestieren. Eine hohe **Geruchsbelästigung** durch Viehzucht, ein hohes Verkehrsaufkommen, eine große Menge an anfallenden Exkrementen und die Gefahr der **Überdüngung** und damit der Schä-

digung von Grundwasser und Boden – auch das sind mögliche Folgen der Intensivierung der Landwirtschaft.

🖐 Eine geringere Produktivität erreicht die nachhaltige Landwirtschaft, die versucht, weniger stark in Ökosysteme einzugreifen.

🖐 Der **ökologische Landbau** versteht sich als ressourcenschonend und umweltverträglicher als die konventionelle Landwirtschaft.

🖐 Zertifiziert sich ein deutscher Betrieb als Biobetrieb, wird er beispielsweise auf folgende Bedingungen hin überprüft:

> **Ökologische Landwirtschaft**
>
> In der Regel handelt es sich bei deutschen Biobetrieben um kleinere Betriebe, die im Gegensatz zu konventionell arbeitenden Betrieben nicht so stark spezialisiert sind.
> - ökologisch erzeugte Futtermittel für Tiere
> - angemessene Anzahl an Tieren pro Betrieb
> - Einzeltierbehandlung im Krankheitsfall
> - Verzicht auf gentechnisch veränderte Pflanzen
> - Achtung gegenüber Ressourcen wie Boden und Wasser (z. B. Erhaltung der Bodenfruchtbarkeit durch Mischkulturen und Fruchtfolgen)

TRAGFÄHIGKEIT

🖐 **Tragfähigkeit**: Begriff für die maximale Anzahl von Menschen, die ein bestimmter Raum (er)tragen kann (z. B. wie viele Menschen in einem Raum ernährt werden können).

🖐 Das Konzept des **ökologischen Fußabdrucks** versucht, den Fußabdruck, den jeder Mensch auf der Erde hinterlässt, zu messen.

🖐 Ressourcen, die man täglich verbraucht – etwa Waldfläche, Ackerland, Siedlungsfläche - werden in Relation zur Biokapazität gesetzt.

🖐 **Biokapazität:** Kapazität eines Ökosystems, bestimmte Materialien zu produzieren.

🖐 Der Umfang des Ökologischen Fußabdrucks sollte im Einklang mit der Biokapazität stehen.

🖐 Ernährungsgewohnheiten und die Form landwirtschaftlicher Produktion spielen bei der Berechnung des Ökologischen Fußabdrucks eine Rolle.

LANDWIRTSCHAFT IN DEN USA

Auch die US-amerikanische Landwirtschaft ist von Produktivitätssteigerungen, Konzentrationsprozessen und Strukturwandel geprägt.

- Schon früh wurden in den USA Maßnahmen ergriffen, um effizienter Nahrungsmittel produzieren zu können, z. B. durch
  - → Einsatz gentechnisch veränderten Saatguts
  - → finanzielle Unterstützung der Farmer durch den Staat
  - → Ausweitung von Ackerflächen in (klimatisch) ungeeignete Räume durch großflächige, künstliche Bewässerung (etwa durch Weizenanbau in den semiariden *Great Plains*)

- Die Anzahl an Betrieben ging in den letzten Jahrzehnten zurück, im Gegenzug erweiterte sich die Fläche pro Betrieb – der Strukturwandel der US-Landwirtschaft ähnelt der Entwicklung der deutschen Landwirtschaft.

- Konzentrations- und Spezialisierungsprozesse gehen mit dem allmählichen Bedeutungsverlust der *family size farm* einher.

- Der Trend hin zum Agrobusiness lässt sich in der Aufzucht von Rindern aufzeigen, in riesigen *feedlots* werden Zehntausende Tiere innerhalb eines halben Jahres bis zur Schlachtreife gemästet.

- Einige Bundesstaaten sind landwirtschaftlich stark geprägt, so zum Beispiel
  - → Kalifornien: Anbau von Gemüse, Obst und Nüssen und Mandeln, Wein und Baumwolle.
  - → Texas: Anbau von Weizen und Hirse, Rindermast
  - → Nebraska, Kansas: Rindermast, teilweise auch Anbau von Mais

- Forscher und Landwirte entwickeln Alternativen und neue Ansätze einer zukunftsfähigen Landwirtschaft, zum Beispiel:

1	Rückkehr zu angepassten wenngleich ertragsgeringeren Anbaumethoden/Wiederentdecken alter Sorten
2	Einlassen auf andere Nahrungsmittel wie Insekten (Eiweißquelle) oder Algen
3	Einsatz von Informations- und Kommunikationstechnologie in der Landwirtschaft („Bauernhof 4.0"), hierdurch sollen Ressourcen schonender genutzt, Personal eingespart und Pestizide präzise und sparend eingesetzt werden.

| 4 | Gärtnern in Städten als Teil der Selbstversorgung (**urban gardening** auf Brachflächen oder Dachflächen) |
| 5 | platzsparender Anbau innerhalb von Gebäuden, losgelöst von klimatischen Bedingungen |

LANDWIRTSCHAFT   **Checkliste**

Überprüfen Sie Ihre Kenntnisse zu folgenden Bereichen:

→ naturräumliche Bedingungen für landwirtschaftliche Produktion
→ Bodenwert und Bodenqualität
→ Bedeutung von Lössboden
→ Verbreitung von Börden in Deutschland
→ Agronomische und klimatische Trockengrenze unterscheiden
→ Variabilität des Niederschlags
→ Kältegrenze
→ Vegetationsperiode, Wachstumszeit, Vegetationsruhe
→ Klimadiagramm und Thermoisoplethendiagramm
→ Betriebsgrößen und Betriebsformen
→ staatliche Eingriffe, GAP
→ Plantagenwirtschaft der Tropen
→ Subsistenzwirtschaft
→ Shifting cultivation
→ Ecofarming
→ Wertschöpfungsketten
→ Fair trade
→ Bewässerungsformen mit ihren Vor- und Nachteilen
→ Food crops, cash crops
→ Maßnahmen zum Wassersparen und nachhaltigen Umgang mit Wasser
→ Extensive Landwirtschaft
→ Ursachen für die Intensivierung der Landwirtschaft
→ Strukturwandel in der deutschen Landwirtschaft
→ Agrobusiness
→ vertikal integrierte Produktion
→ Cluster
→ Strukturen der Landwirtschaft in den USA
→ ökologische und soziale Folgen des Strukturwandels
→ ökologischer Anbau
→ ökologischer Fußabdruck
→ Tragfähigkeit und Biokapazität

STADTGEOGRAFIE

Stadtbegriff

Definition und Modell

- Eine **Stadt** ist eine geschlossene Siedlungsform innerhalb fest-gelegter Grenzen (Stadtgrenzen).

- Eine **Agglomeration** ist definiert als räumliche Konzentration von Einwohnern, Infrastruktur und Wirtschaftsinstitutionen (Ballungs-raum), auch über bestehende Stadtgrenzen hinaus.

- Unterscheidung wichtiger Stadtdefinitionen:

Definition	zentrale Merkmale
historischer Stadtbegriff	Verleihung der Stadtrechte z. B. im Mittelalter
statistischer Stadtbegriff	Höhe der Einwohnerzahl (international unterschiedlich definiert)
geografischer Stadtbegriff	geschlossene Siedlung mit hoher Bevölkerungs- und Bebauungsdichte, funktionale Gliederung, ausgebaute Infrastruktur, hohes Arbeitsplatzangebot usw.

- Eine Stadt erfüllt in der Regel alle **Daseinsgrundfunktionen** des Menschen (z. B. wohnen, arbeiten, sich versorgen), anhand dieser kann man städtische Teilräume und damit die **funktionale Gliederung** einer Stadt erkennen (z. B. Gewerbeflächen, reine Wohngebiete).

- Der Kern einer Stadt besteht aus Innenstadt und City, in historisch gewachsenen Städten aus der Altstadt (historischer Kern), wobei sich diese Räume innerhalb einer Stadt überschneiden können.

- Die **City** verfügt über einen Bedeutungsüberschuss gegenüber an-deren Bereichen der Stadt aufgrund ihrer ausgebauten Infrastruktur, ihrer Lage, des hohen Angebots an kulturellen, privatwirtschaftlichen sowie öffentlichen Einrichtungen und Dienstleitern, auch ist die Dich-te an Arbeitsstätten vor allem im **tertiären Sektor** besonders hoch.

- Durch das geringe Flächenangebot und die hohen Bodenpreise wird in der City häufig in die Höhe gebaut (z. B. Hochhäuser von Energie-unternehmen und Firmen der Versicherungs- und Bankenbranche).

- Trotz hoher **Passantenfrequenz** in den Hauptgeschäftsstraßen und Angeboten, die auch internationales Publikum anziehen, leidet die City in vielen Städten an **Verödung**.

- Als Ursachen für eine Verödung können die Konkurrenz durch den wachsenden Online-Handel, das Fehlen inhabergeführter Geschäfte sowie eine **Filialisierung der Innenstädte** angeführt werden.

  → Auch **Shopping-Center oder Outlet-Center** treten in Konkurrenz zur Innenstadt, da sie Kaufkraft abziehen können und oftmals über einen hohen Einzugsbereich verfügen.

  → Center und Galerien, die auf der „grünen Wiese" und damit abseits von Innenstädten errichtet werden, sind in der Regel sehr gut an das Straßennetz sowie häufig auch gut an das **ÖPNV-Netz** angeschlossen, verfügen nahezu immer über eigene Parkplätze und ermöglichen ein bequemes und wetterunabhängiges Einkaufen. In direkter Nachbarschaft einiger Center siedeln sich Freizeitmöglichkeiten an (z. B. Kino, Bowlingbahn), was die Attraktivität erhöht und auch am Abend zu hoher Passantenfrequenz führen kann. Innenstadt und Center können jedoch auch voneinander profitieren, wenn eine Zusammenarbeit gelingt und Einkaufscenter bewusst in Innenstadtbereichen gebaut werden.

- Um die **Aufenthaltsqualität** in Innenstädten zu verbessern und der Verödung entgegenzuwirken, werden städtebauliche Leitbilder entwickelt (siehe Seite 60).

- Die grundlegenden Verteilungsmuster innerhalb einer Stadt sowie die funktionale Gliederung spiegeln sich in den klassischen **Stadtstrukturmodellen** wider:

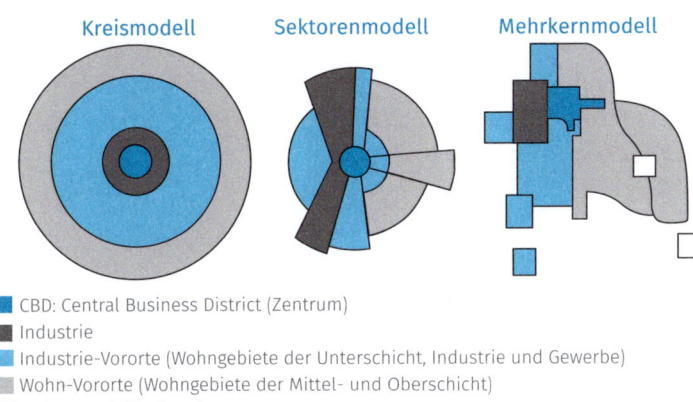

Kreismodell   Sektorenmodell   Mehrkernmodell

■ CBD: Central Business District (Zentrum)
■ Industrie
■ Industrie-Vororte (Wohngebiete der Unterschicht, Industrie und Gewerbe)
■ Wohn-Vororte (Wohngebiete der Mittel- und Oberschicht)
□ Nebengeschäftsviertel

Stadtstrukturmodelle

STADTSTRUKTURMODELLE

Wichtige Grundannahmen der Modelle

- **Ringmodell:** konzentrisch angeordnete Zonen um den CBD (*central business district*) herum
- gleichmäßiges Wachstum von innen nach außen
- Gehobene Wohnviertel befinden sich in den äußeren Ringen.
- Kritik: Räumliche Ausdehnung einer Stadt erfolgt in der Regel nicht modellhaft in alle Richtungen gleichmäßig und ist durch räumliche Voraussetzungen (z. B. Relief) geprägt.

- **Sektorenmodell:** Gleichförmige Strukturen bilden sich entlang von Verkehrslinien (z.B. Eisenbahnstrecken).
- Gehobene Wohnviertel siedeln sich weit entfernt der Industrieflächen an.
- Kritik: Grundannahmen treffen für europäische Städte des vorindustriellen Zeitalters nicht oder nur teilweise zu (z. B. Abnahme des sozialen Status der Einwohner von innen nach außen).

- **Mehrkernmodell:** Durch Städtewachstum ergeben sich mehrere spezialisierte Kerne innerhalb einer Stadt.
- Vororte in der Peripherie, Pendler, Nebengeschäftszentren
- Kritik: Räumliche Expansion fast aller Bereiche ist nach außen hin möglich, ohne andere Bereiche zu beeinträchtigen. Die Ausprägung weiterer Nebengeschäftszentren bei Erweiterung der Stadt ist denkbar.

- Kritik (an allen Modellen): Fehlen der vertikalen Dimension, denn innerhalb eines Gebäudes können aufgrund von Mehrstöckigkeit diverse Nutzungen (Einzelhandel, Büros, Wohnen im Penthouse) bestehen.

Entwicklung der Stadt in Mitteleuropa

Städte der Gegenwart sind in den letzten Jahrhunderten und Jahrzehnten stark überformt und verändert worden, dennoch haben die Anfänge der Stadtgründungen ihre Spuren in den Städten Mitteleuropas hinterlassen. Folgende **historisch-genetische Typen** lassen sich grundsätzlich unterscheiden:

Stadttyp	Merkmale
Römische Stadt	früheste Städte Mitteleuropas, rasterförmiges Straßennetz, auch nach Zerfall des Römischen Reiches blieben einige Städte in ihren Grundstrukturen bestehen
Mittelalterliche Stadt	höchste Anzahl von Stadtgründungen an Burgen, Klöstern, Bischofsitzen, Handelsstraßen (z. B. **Hellweg** = große Königs- oder Heerstraße), Stadt als wichtiger Handelsplatz, chaotisches Straßennetz, Schutz der Bürger durch Stadtmauer
Residenzstadt	Ausbau bzw. Neubau prachtvoller Residenzen, Ausrichtung der Straßen und Gärten auf das Schloss
Industriestadt	Zeit der Verstädterung, Bau von **Mietskasernen**, schnelles Bevölkerungswachstum der Städte durch **Landflucht**, Industrieanlagen, Eisenbahnstreckennetz

* Ein wichtiges städtebauliches Leitbild, die **Charta von Athen**, entstand in den 1930er-Jahren.

* In diesem Dokument wurde das wichtigste Ziel der Stadtplanung festgehalten: die klare Trennung der Daseinsgrundfunktionen innerhalb der Stadt.

* So entstanden – dem Leitbild entsprechend – große Wohnsiedlungen, welche deutlich von Gewerbe- und Erholungsflächen getrennt wurden.

* Folgen dieser Stadtplanung waren unter anderem ausufernde Stadtlandschaften, Suburbanisierung, ein zunehmender Pendlerverkehr, sodass man gegenwärtig wieder eine gewisse **Funktionsmischung** anstrebt.

* Vor dem Eindruck unkontrolliert wachsender Industriestädte und schlechter Wohnverhältnisse für Arbeiterfamilien entstand Ende des 19. Jahrhunderts das Leitbild der **Gartenstadt**.

* Als Erfinder der Gartenstadtidee gilt der Brite Ebenezer Howard.

- Gartenstädte mit einer begrenzten Einwohnerzahl (32.000 Einwohner) sollten die Vorteile des Landlebens (Ruhe, Grünflächen, landwirtschaftliche Flächen, angemessene Wohnverhältnisse) mit den Vorzügen des Stadtlebens (Arbeitsstellen, Infrastruktur, Kulturangebot) verknüpfen.

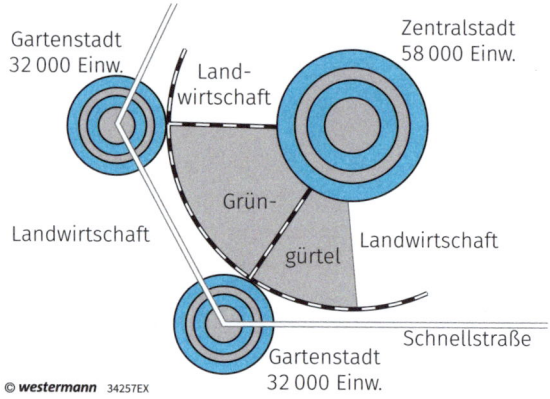

© westermann 34257EX

Heute entwickeln sich in der Regel keine neuen genetischen Stadttypen, vielmehr steht der **Stadtumbau** nach gewissen Gesichtspunkten (z. B. der Nachhaltigkeit) und Konzepten im Vordergrund:

- Große Ballungsräume gründeten in einigen Kilometern Entfernung **new towns** (**villes nouvelles**), um stark wachsende Metropolen mit mehreren Millionen Einwohnern zu entlasten und neuen Wohnraum sowie Arbeitsplätze zu schaffen (**Entlastungsstadt**).

- Je nach Infrastruktur und Angebot der Entlastungsstadt birgt dieses Konzept die Gefahr, reine Schlafstädte zu entwickeln, in welchen die Bewohner wohnen, andere **Daseinsgrundfunktionen** wie „arbeiten" oder „sich versorgen" jedoch in der Metropole erfüllt werden. Dies kann zu einer hohen Umweltbelastung durch **Pendlerverkehr** führen.

- Viele gegenwärtige Stadtkonzepte verfolgen das Ziel einer **nachhaltigen Stadt** mit neuen Wohn-, Verkehrs- und Energiekonzepten (z. B. Begrünung der Stadt, Reduzierung der Umweltbelastungen, Verbesserung des Stadtklimas, Ausbau des ÖPNV und Förderung von Radwegenetzen, Sanierung von Gebäuden).

- Der **Stadtumbau** stellt sich den aktuellen Herausforderungen in ökonomischer, ökologischer und sozialer Hinsicht (Schaffen von bezahlbarem Wohnraum, Revitalisierung der Innenstädte, Herausforderungen durch die gesellschaftliche Alterung).

* Durch Probleme mit städtischen **Wärmeinseln** und sehr hohen Temperaturen in den Sommermonaten sowie der **Feinstaubbelastung** in Städten treten Fragen der **Stadtökologie** (z. B. Begrünung von Gleisanlagen, Pflege der Stadtbäume) stärker in den Vordergrund.

* Der Stadtumbau verfolgt sowohl bei wachsenden Städten als auch schrumpfenden Städten (*shrinking city*) das Ziel, die Stadt als attraktiven Lebensraum für alle Einkommens- und Altersgruppen zu erhalten.

* Auch ein **Rückbau** kann ein Element des Stadtumbaus sein, wenn zum Beispiel nicht mehr benötigte Wohnhäuser wie Plattenbauten oder Gebäuderuinen innerhalb der Stadt abgerissen werden.
  → Auf diese Weise versuchen schrumpfende Städte, den Wohnungsmarkt zu stabilisieren und die durch Abriss gewonnenen Flächen zur Attraktivitätssteigerung zu nutzen (etwa durch Schaffen von Grünflächen, Spielplätzen).

* Grundsätzlich verfolgt die Bundesrepublik Deutschland in ihrem **Raumordnungsgesetz** eine Schaffung gleichwertiger Lebensverhältnisse, die auch auf der Ebene von Städten und Gemeinden durch die Instrumente des Stadtumbaus umgesetzt werden sollen.

* Akteure der Raumplanung sind die Städte selbst in enger Abstimmung mit Bundesländern und dem Staat.

Abi Tipp

BEISPIELE KENNEN

* Verfolgen Sie möglichst die aktuelle Berichterstattung um die Umsetzung neuer Stadtkonzepte.
* Verweisen Sie in der mündlichen Abiturprüfung auf Beispiele, möglicherweise aus Ihrer Heimatstadt.

Sozialräumliche Gliederung

INDIKATOREN UNTERSUCHEN

- Zur Identifikation der sozialräumlichen Gliederung einer Stadt werden Ihnen in der Regel verschiedene Indikatoren zur Verfügung gestellt.
- Um die soziale Situation verschiedener Stadtteile zu analysieren, könnte man z. B. die Höhe des Anteils der Arbeitslosen, das Durchschnittsalter, das durchschnittliche Einkommen und Mietpreise heranziehen.
- Achten Sie dabei auf Zusammenhänge sowie räumliche Strukturen innerhalb der Stadt.

- Wandert die einkommensstarke Bevölkerung in das Umland ab, beeinflusst diese **Suburbanisierung** die soziale Differenzierung der Kernstadt.

Ursachen	Folgen
Wunsch nach Eigenheim („Wohnen im Grünen") Mobilität finanzielle Möglichkeiten, Immobilien zu erwerben	Abwanderung bestimmter Einkommensschichten starker Pendlerverkehr und damit hohe Umweltbelastung Kaufkraft der Kernstadt sinkt, fehlende Steuereinnahmen

- Als Spiegel gesellschaftlicher Prozesse sind Städte nicht gleichförmig, bestimmte Stadtviertel sind charakterisiert durch eine Konzentration bestimmter Bevölkerungsgruppen **(Segregation)**.

- Man unterscheidet zwischen **sozialer** (z. B. Einkommen, Bildungsstand), **demografischer** (z. B. Haushaltsgröße, Durchschnittsalter der Haushaltsmitglieder) **und ethnischer Segregation** (z. B. Religionszugehörigkeit, ethnische Zugehörigkeit).

- Ein typisches Merkmal der Segregation der obersten Einkommensgruppen ist eine regelrechte Abschottung, beispielsweise über das Wohnen in einer *Gated Community*. Diese Luxuswohnanlagen unterscheiden sich hinsichtlich ihrer Größe (einige Wohneinheiten bis zu einer Ausdehnung von Kleinstädten) und Infrastruktur, in der Regel sind sie umzäunt und gegen unerwünschten Besuch gesichert.

- Entwickelt sich eine allmähliche Konzentration einkommensstarker Bevölkerungsgruppen in attraktiven Innenstadtlagen durch Verdrängung alteingesessener Bewohnergruppen, so spricht man von **Gentrifizierung**.

- Man unterscheidet zwischen bestimmten Bevölkerungsgruppen, welche alle am Gentrifizierungsprozess beteiligt sind:

Personengruppe	Funktion
Alteingesessene	profitieren von günstigen Mietpreisen in innenstadtnahen Stadtvierteln
Pioniere	profitieren ebenfalls von günstigen Mietpreisen in innenstadtnahen Stadtvierteln, Bezug ehemals leerstehender Wohnungen, behelfsmäßige Renovierungen, Eröffnung kleiner Gastronomiebetriebe, Kneipen und Läden
Investoren	Aufkaufen von Häusern, teils ganzer Straßenzüge, Investitionen und Modernisierungen, teilweise Luxussanierungen, Umwandlung vieler Mietwohnungen in Eigentumswohnungen, starker Anstieg der Mietpreise
Gentrifier	Gentrifier sind am veränderten urbanen, modernen Ambiente des Stadtviertels interessiert, verdrängen zunehmend die Pioniere und Alteingesessenen und dominieren das Bild des Stadtviertels.

Phasen der Gentrifizierung

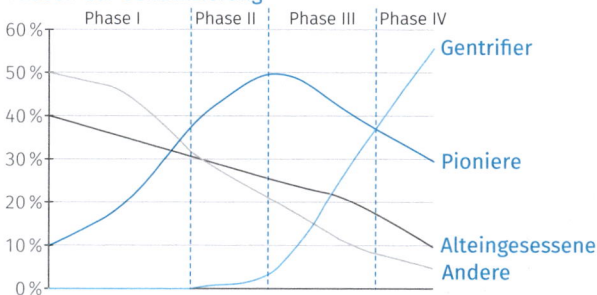

- Der Prozess der Gentrifizierung geht einher mit einer baulichen Aufwertung (Sanierung der Gebäude von außen und innen, Wohnumfeldmodernisierung), einer funktionalen Aufwertung (Angebot hochwertiger Dienstleistungen) sowie einer **veränderten Sozialstruktur.**

ANFORDERUNGSBEREICHE EINÜBEN

- Seien Sie darauf vorbereitet, gerade bei aktuellen und kontrovers diskutierten Themen wie der Gentrifizierung eine Beurteilung oder eine Bewertung abzugeben (höchster Anforderungsbereich einer Prüfung!).
- Üben Sie solche Situationen vor allem vor einer mündlichen Prüfung.
- Achten Sie darauf, Argumente von Gentrifizierungsgegnern sowie -befürwortern aufzugreifen.
- Seien Sie Modellen gegenüber kritisch eingestellt und üben Sie vor einer Prüfungssituation an einem Beispiel, inwieweit Modelle anwendbar, exemplarisch und übertragbar sind.

Zentralität

- Städte haben gegenüber ihrem Umland einen **Bedeutungsüberschuss**, da sie gegenüber ihrem Einzugsgebiet eine höhere funktionale und administrative Position einnehmen.

- Städte untereinander werden ebenso hierarchisch unterschieden, um die Bedeutung einer jeweiligen Stadt zu verdeutlichen.

- Generell ist der Einzugsbereich einer Stadt und ihr Einfluss gegenüber der **Peripherie** umso größer, desto spezialisierter das städtische Angebot ist.

- Die **Theorie der Zentralen Orte** wurde von **Walter Christaller** in den 1930er-Jahren entwickelt und findet bis heute Anwendung in der **Raumordnung**. Christaller unterscheidet dabei grundsätzlich zwischen abgestuften Formen der Zentralität:

Name	Funktionen	Beispiele
Oberzentrum	wichtiger Standort hochwertiger Einrichtungen im kulturellen, politischen, wirtschaftlichen Bereich, hohe Einwohnerzahl, nationale und teilweise internationale Bedeutung	sehr hohes Angebot an spezialisierten Einzelhändlern, Opernhaus, Universitäten, Fachkliniken, Sitz einer Landesregierung, Sitz bedeutender Unternehmen, internationaler Flughafen, sehr gut ausgebautes ÖPNV-Netz (z. B. ICE-Haltepunkt)

Name	Funktionen	Beispiele
Mittel-zentrum	Standort wichtiger Einrichtungen im kulturellen, politischen, wirtschaftlichen Bereich, vor allem regionale Bedeutung	Fachhochschulen, verschiedene Schulen, Krankenhaus, Finanzamt, mittelständische Unternehmen, Anschluss an das ÖPNV-Netz
Unter-zentrum	Standort von Einrichtungen im kulturellen, politischen, wirtschaftlichen Bereich für eine Grundversorgung des täglichen Bedarfs	eventuell Grundschulen und Kindergärten, Rathaus, Geschäfte des täglichen Bedarfs (Apotheke, Bäcker, Lebensmittelhandel)

EINORDNUNG ÜBEN

- Üben Sie vor einer mündlichen oder schriftlichen Prüfung eine Einordnung einer Stadt in das Modell Christallers ein.
- Wählen Sie hierzu ein Beispiel mithilfe des Atlas aus.
- Achten Sie auf Indikatoren wie Infrastruktur, Einwohnerdichte, spezielle Einrichtungen, politische Institutionen usw.
- Wenden Sie die Theorie der Zentralen Orte auch an ihrer Heimatgemeinde an!
- Wählen Sie zudem ein internationales Beispiel aus.

- Die zentralörtliche Bedeutung kann innerhalb eines Staates sowie international ermittelt werden.
- **Metropolen** mit mehreren Millionen Einwohnern sind international stark miteinander vernetzt und zeichnen sich durch ihre hohe Bedeutung in mehreren Bereichen aus:

1	Wissen: Wissenschaft und Forschung, internationale Kongresse und Messen, akademisches Personal an Universitäten
2	Erreichbarkeit: Anschluss an das hochrangige ÖPNV-Netz, Knotenpunkt von Autobahnanschlüssen, Flughafenstandort mit transkontinentalen Zielen
3	Wirtschaftsstärke: Zentralen global agierender Unternehmen (**global player**), Börsenstandort
4	Entscheidungsfunktion: Sitz überstaatlicher Institutionen: (z.B. Europäische Zentralbank, Organe der EU, NGO (Nichtregierungsorganisationen)

- Als **Metropolregion** bezeichnet man die Metropolen selbst sowie ihre direkten Einzugsgebiete. Diese können aus einer Metropole (z. B. Berlin) (monozentrisch) sowie aus mehreren Regionen (polyzentrisch) bestehen wie z. B. die Rhein-Main-Region, die mit einigen Städten sowie vielen Landkreisen bundeslandübergreifend mehr als 5 Millionen Menschen umfasst. Metropolregionen sind unter anderem Träger der **Raumplanung**, die sich um Themen wie Infrastruktur, Tourismusförderung und Umweltfragen kümmern.

Verstädterung und Urbanisierung

Verstädterung weltweit

- Etwa jeder zweite Mensch auf der Welt lebt in Städten, Prognosen gehen von einer steigenden Tendenz aus **(Verstädterung).** Auch die Zunahme der Fläche einer Stadt sowie die Zunahme der Anzahl an Städten pro Staat wird als Verstädterung bezeichnet.

- Als Synonym des Begriffs „Verstädterung" wird häufig der Begriff **„Urbanisierung"** verwendet, der die Ausbreitung städtischer Lebensformen (Bauweise, Lebensform, Konsummuster) im ländlichen Raum definiert.

- Verfügen Städte über mehr als 10 Millionen Einwohner, spricht man von einer **Megastadt/Megacity**. Als größte Städte weltweit gelten derzeit die Städte Tokio (Japan), New-Delhi (Indien) und Schanghai (China) mit jeweils mehr als 20 Millionen Einwohnern. Vielfach ist unklar, ob die Stadtgrenze oder der Agglomerationsraum für diese Zählung herangezogen werden, wie das Beispiel Tokio zeigt:

Definition	Einwohnerzahl
administrative Stadtgrenze	ca. 9,5 Mio.
Präfektur (Verwaltungseinheit)	ca. 13 Mio.
Metropolregion	ca. 37 Mio.

- Ist ein bestimmter Anteil der Bevölkerung eines Staats in nur einer Stadt konzentriert, spricht man von einer **Primatstadt/*primate city***.

- Neben dieser **demografischen *primacy*** existiert eine **funktionale *primacy*,** diese bezeichnet eine überproportionale Konzentration an Arbeitsstätten, Bildungseinrichtungen und politischen Institutionen in einer Stadt eines Landes.

VORSICHT BEI INTERNATIONALEN VERGLEICHEN

* Der Begriff für „Stadt" oder „Metropole" ist international unterschiedlich definiert. Ein Vergleich von Städten auf internationaler Ebene ist daher problematisch.
* Hinterfragen Sie möglichst, ob es sich bei Einwohnerzahlangaben um die Kernstadt selbst innerhalb ihrer administrativen Stadtgrenzen oder auch um das Umland handelt.

Marginalisierung

* Es gibt drei wesentliche Ursachen für das starke Städtewachstum vor allem in Schwellen- und Entwicklungsländern:

1	starkes natürliches Bevölkerungswachstum durch hohe Geburtenraten in den Städten selbst
2	**Landflucht** (mögliche Motive: persönliche Motivation, Hoffnung auf eine Arbeitsstelle, Verdienst, Aufstiegschancen, Teilhabe an der staatlichen Infrastruktur (Bildung, Mobilität, medizinische Versorgung) zu haben)
3	Definitionsverschiebung innerhalb eines Staates, welche Siedlungen als Stadt bezeichnet werden, **Eingemeindungen** (kleinere Gemeinden werden Teil einer größeren Stadt)

* Gewinnen Großstädte durch vermehrten Zuzug besonders schnell an vielen Einwohnern, kommt es oft zu unkontrolliertem Wachstum und damit zu ausufernder, nicht genehmigter Bautätigkeit in Form von **Slums**, welche häufig am Stadtrand zu finden ist.

* Die städtische Verwaltung stellt dieses Wachstum vor enorme Aufgaben, welchen sie nicht immer gerecht werden kann.

* Slums sind daher nicht immer an die städtische Infrastruktur (z. B. Abwassersystem, Stromversorgung) angeschlossen, Siedlungen werden mitunter illegal errichtet.

* Megastädte sind aufgrund ihrer hohen Bevölkerungsdichte besonders anfällig gegenüber sozialen Problemen, Gefährdungen oder Naturereignissen (siehe Seite 11).

* Der Begriff **Vulnerabilität** beschreibt diese hohe Verwundbarkeit.

* Trotz vieler Probleme können sich in großen Ballungsräumen auch Chancen für die Gesellschaft und die Stadtentwicklung ergeben, da

sich viele Arbeitskräfte auf kleinem Raum konzentrieren (mögliches Potenzial für einen Wirtschaftsstandort), die wiederum eine hohe Nachfrage nach Gütern und Dienstleistungen erzeugen.

- Der Wettbewerb innerhalb stark wachsender Städte um die verfügbare Fläche kann zu einer **Marginalisierung** führen, wenn bestimmte Einwohnergruppen in eine Randexistenz gedrängt werden.

- Die Marginalisierung kann eine räumliche Dimension (Wohnen in Elendsvierteln am Stadtrand), eine gesellschaftliche Dimension (Ausgrenzung bestimmter Bevölkerungsgruppen) sowie eine wirtschaftliche Dimension (Arbeiten im **informellen Sektor**) einnehmen.

- Tätigkeiten des informellen Wirtschaftssektors sind nicht registriert und entziehen sich staatlicher Kontrolle. Typische Felder sind Straßenverkäufe, einfache Dienstleistungen wie Reparatur, Transport.

- Das räumliche Nebeneinander von Arm und Reich innerhalb einer Stadt ist sozial gesehen stark voneinander getrennt: Diese **Fragmentierung** (siehe Modell) spiegelt sich in Elendsvierteln auf der einen und *Gated Communities* auf der anderen Seiten wider.

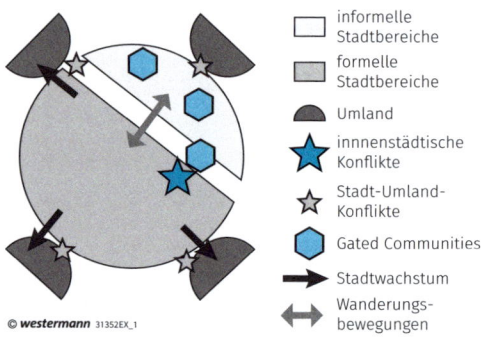

informelle Stadtbereiche
formelle Stadtbereiche
Umland
innenstädtische Konflikte
Stadt-Umland-Konflikte
Gated Communities
Stadtwachstum
Wanderungsbewegungen

© **westermann** 31352EX_1

Merkmale der Fragmentierung

- fehlende Integration, soziale Abgrenzung
- reiche Bevölkerungsschichten schotten sich auch räumlich und baulich regelrecht ab
- gleichzeitige Zunahme von informellen Bautätigkeiten, informellen wirtschaftlichen Aktivitäten
- soziale Spannungen, Konflikte innerhalb der Stadt
- Probleme der Stadt, Gegensätze zu minimieren
- möglicher Kontrollverlust der Stadt

Außereuropäische Räume

Die angloamerikanische Stadt

US-amerikanische Städte sind relativ jung, sie entstanden in Nordamerika, als die Hauptphase der Städtegründungen in Mitteleuropa bereits abgeschlossen war. Daher unterscheiden sich angloamerikanische Städte wesentlich von europäischen.

- Die Expansion US-amerikanischer Städte fand Anfang des 19. Jahrhunderts statt, daher fehlen historische Bausubstanz und typische städtebauliche Elemente europäischer Städte wie eine Altstadt, eine Stadtmauer usw.

- Neben regionalen Besonderheiten weisen US-amerikanische Städte typische Strukturen auf, die sie deutlich von europäischen oder lateinamerikanischen Städte verschieden sein lassen.

- US-amerikanische Städte spiegeln gesellschaftliche Werte wider, beispielsweise die prestigeträchtigen Hochhäuser, die die **Skyline** bilden oder der Wunsch nach einem Eigenheim (*American Dream*).

- Zentrale städtebauliche Merkmale sind die **Hochhausbebauung** im Kern der Großstädte, **ausufernde Stadtlandschaften** sowie das **schachbrettartige Straßennetz** aus *Streets* (West-Ost-Richtung) und *Avenues* (Nord-Süd-Richtung).

- Die funktionale Gliederung ist anhand des Aufrisses und des Vergleichs mit einer europäischen Stadt klar erkennbar:

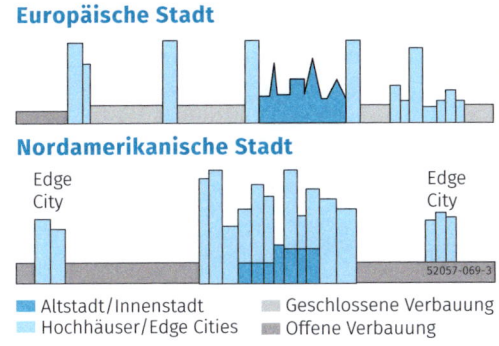

Europäische Stadt

Nordamerikanische Stadt

Edge City

Edge City

52057-069-3

- ▪ Altstadt / Innenstadt
- ▪ Hochhäuser / Edge Cities
- ▪ Geschlossene Verbauung
- ▪ Offene Verbauung

Vergleich der funtionalen Gliederung

Teilbereich	Nutzung und Funktion
Central Business District (CBD) mit der **Downtown**	<ul><li>überwiegend Dienstleister (**tertiärer Sektor**)</li><li>Verwaltung, Finanz- und Versicherungssektor</li><li>Hochhausbebauung, starker Pendlerverkehr</li><li>kaum Wohnfunktion, Parkhäuser, Hotels</li></ul>
Übergangszone (zone of transition)	<ul><li>kleinere Betriebe und Gewerbeeinheiten</li><li>Lagerhallen, Parkplätze</li><li>Wohnfunktion, teils verfallene Gebäude</li><li>ethnische Minderheiten</li><li>teils Ghettobildung</li></ul>
Umland (suburbs)	<ul><li>Wohnfunktion in ausufernder Stadtlandschaft</li><li>monotone Apartmentkomplexe und Eigenheime</li></ul>

Wandel ist eine Konstante

Dieser typische Aufbau der US-amerikanischen Stadt unterliegt einem ständigen Wandel.

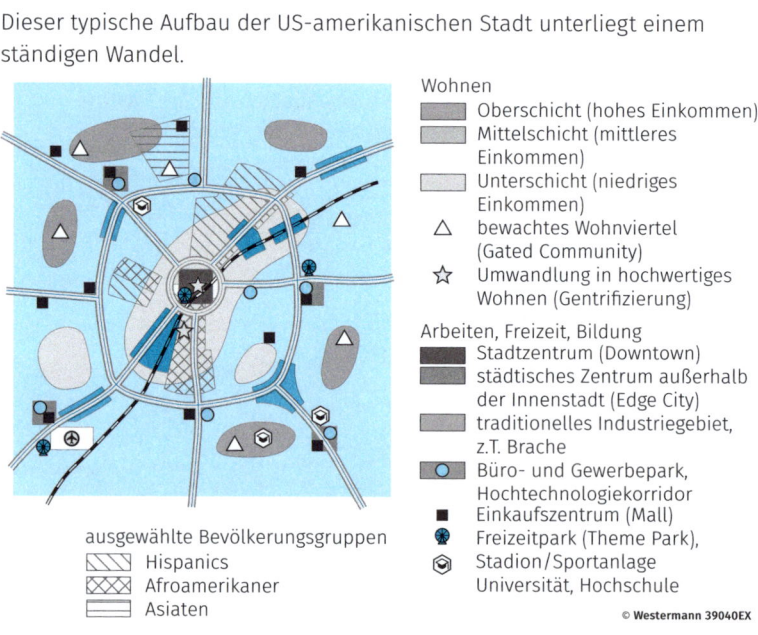

Wohnen
- Oberschicht (hohes Einkommen)
- Mittelschicht (mittleres Einkommen)
- Unterschicht (niedriges Einkommen)
- △ bewachtes Wohnviertel (Gated Community)
- ☆ Umwandlung in hochwertiges Wohnen (Gentrifizierung)

Arbeiten, Freizeit, Bildung
- Stadtzentrum (Downtown)
- städtisches Zentrum außerhalb der Innenstadt (Edge City)
- traditionelles Industriegebiet, z.T. Brache
- Büro- und Gewerbepark, Hochtechnologiekorridor
- ■ Einkaufszentrum (Mall)
- ✤ Freizeitpark (Theme Park), Stadion/Sportanlage
- ⬡ Universität, Hochschule

ausgewählte Bevölkerungsgruppen
- ◩ Hispanics
- ◩ Afroamerikaner
- ◩ Asiaten

© Westermann 39040EX

Typischer Aufbau der US-amerikanischen Stadt

- So verlor die Downtown an Bedeutung durch Wegzug von Einwohnern (**Suburbanisierung**) und Gewerbeeinheiten, der Stadtrand sowie die *edge cities* gewannen an Belang und Steuereinnahmen. Diese Entwicklung führte zur Ausdehnung der Stadtfläche (***urban sprawl***). Im Stadtumland entstehen zusätzliche Zentren, die nahezu alle Funktionen des CBD aufweisen, die ***edge cities***. Hier haben sich Dienstleister in Bürogebäuden sowie Industrieparks einquartiert, ebenso finden sich Shopping Malls und Vergnügungsstätten an wichtigen Verkehrsknotenpunkten wieder.

- Gegenwärtig existieren zudem gegenläufige Entwicklungen, sodass einkommensstarke Bevölkerungsgruppen in sanierte Bereiche der Downtown ziehen (***Gentrification***).

- Formen der **Segregation** sind ausgeprägt in US-amerikanischen Großstädten, was durch die Existenz von ***gated communities*** und ethnischen und sozialen Vierteln (z.B. *china town*) deutlich wird.

Die lateinamerikanische Stadt

Viele der gegenwärtigen Metropolen Mittel- und Südamerikas haben ihren Ursprung als neu gegründete Städte in der Kolonialzeit, um die Macht und die ökonomischen Interessen der Kolonialmächte zu festigen. Andere Städte dagegen wurden auf Ruinen alter Städte der indigenen Bevölkerung gegründet wie zum Beispiel Mexiko-Stadt.

- Ein wichtiges städtebauliches Merkmal der lateinamerikanischen Stadt ist das **Schachbrettmuster**, welches der Stadt als Grundriss dient. In der Mitte des geometrischen Musters liegt der zentrale Platz (***plaza mayor***), welcher von öffentlichen Gebäuden wie Rathaus, Schule, Gerichtsgebäude umgeben ist. Im Kern der Stadt siedelten sich Wohlhabende an (repräsentative Bürgerhäuser). Nach außen hin schließen sich an den Platz einfache Wohnviertel anderer Bevölkerungsschichten an, sodass ein **Kern-Rand-Gefälle** hinsichtlich der Sozialstruktur der Einwohner sowie der baulichen Struktur entstand.

- Durch ein starkes **Bevölkerungswachstum** sowie eine Ausuferung der Stadt ergaben sich auch in der lateinamerikanischen Stadt enorme Veränderungen, welche die ehemaligen Strukturelemente wie Bodenwert, Sozialstatus der Einwohner gänzlich überformten.

FACHBEGRIFFE TRAINIEREN

- Achten Sie darauf, die richtigen Fachbegriffe für die jeweiligen Räume zu verwenden.
- So bezeichnet man geschlossene Wohnanlagen als *gated communities* (englischsprachige Länder), im lateinamerikanischen Raum spricht man von *barrio cerrado* (spanisch) bzw. *condominio fechado* (portugiesisch). Auch für Hüttensiedlungen bzw. Slums gibt es entsprechende Begriffe wie *barriadas* (spanisch) und **favelas** (portugiesisch).
- Machen Sie sich zudem möglichst mit den Fachbegriffen auf Englisch vertraut (siehe Modell).

Wandel der Stadtstruktur

- Zuwanderung in die Metropolen (Landflucht), sehr starkes Bevölkerungswachstum, dadurch massives Flächenwachstum der Stadt

- Ausbau der Infrastruktur

- Ausbildung einer City im Bereich der *plaza*

- Ausdehnung von Wohnvierteln (Mittel- und Oberschicht) und Industrie- und Gewerbeflächen entlang von Verkersinfrastrukturlinien

- Entstehen von Marginalsiedlungen am Stadtrand, gleichzeitig bauliche Degradierung der ehemals hochwertigen, zentralen Wohnviertel (teilweise Herausbildung innerstädtischer Hüttenviertel)

- Abwanderung der Oberschicht in geschlossene (zugangsbeschränkte) Siedlungen (**sozialräumliche Differenzierung**)

- Die heutige lateinamerikanische Stadt ist geprägt durch eine starke **Fragmentierung**, da koloniale und moderne Strukturen aufeinandertreffen, unterschiedliche Wirtschaftsweisen (moderne City – informeller Sektor) sowie Elendsviertel und Villenviertel innerhalb der Stadt nebeneinander existieren.

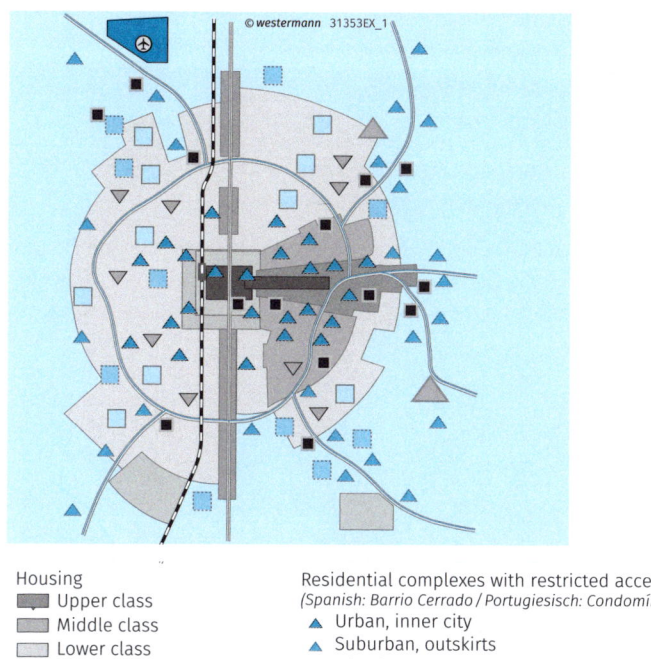

Housing
- ■ Upper class
- ▤ Middle class
- ▢ Lower class
- ▨ Mixed zone (lower, middle and upper class)

Marginal district *(Spanish: Zona Marginal / Portuguese: Favela)*
- ▢ Central, inner city
- ▨ Peripheral, outskirts
- ▢ Former, now consolidated

Residential complexes with restricted access
(Spanish: Barrio Cerrado / Portugiesisch: Condomínio Fechado)
- ▲ Urban, inner city
- ▲ Suburban, outskirts
- ▲ With integrated infrastructure

Work, recreation
- ■ Historic town centre and modern city expansion
- ▤ Traditional industrial zone
- ▢ New industrial zone
- ■ Shopping and leisure centre (mall), office park
- ▢ Environs

Typischer Aufbau einer lateinamerikanischen Stadt

Die orientalische Stadt

- Zu den Stadtstrukturen, die in islamisch-orientalischen Städten teilweise bis heute erhalten sind, zählen die **Hauptmoschee** im Zentrum sowie der Basar (*Suq*).

- Kleine Läden, Stände und Werkstätten reihen sich im Basar eng aneinander, geprägt ist das wirtschaftliche Zentrum durch kleine Straßen sowie Sackgassen.

- Im Zuge von Bevölkerungswachstum und Globalisierung haben sich traditionelle Strukturen verändert.

- Das **verwinkelte Straßennetz** wurde häufig durch eine geradlinige Verkehrsinfrastruktur ersetzt, welche für Lkw-Verkehr ausgelegt ist.

- Das **Umland** wurde sukzessiv erschlossen, wodurch ehemals außerhalb liegende Oasengärten verdrängt wurden.

- Außerhalb der Altstadt bildeten sich moderne Zentren für den Einzelhandel, wodurch die Bedeutung des Basars insgesamt abnahm, einfache Waren des täglichen Bedarfs jedoch findet man auf dem Basar.

STADTGEOGRAFIE   Checkliste

Überprüfen Sie ihre Kenntnisse zu folgenden Bereichen:
→ historische Entwicklung einer europäischen Stadt
→ zentrale Merkmale der historisch-genetischen Stadttypen
→ funktionale Gliederung anhand der Daseinsgrundfunktionen
→ sozialräumliche Gliederung
→ Stadtmodelle und Modellkritik
→ Prozesse wie Suburbanisierung und Gentrifizierung
→ Zentralität und Hierarchie der Städte
→ Verstädterung
→ Marginalisierung und Fragmentierung
→ Aufriss einer angloamerikanischen Stadt
→ Wandel der lateinamerikanischen Stadt
→ Bedeutungswandel verschiedener Stadtstrukturen

DISPARITÄTEN

Grundsätzliches

Disparitäten bestimmen die Welt und prägen die Lebenswirklichkeit des Menschen. Die Entstehungszusammenhänge und Auswirkungen von Disparitäten sind umfassend, und die Ausprägungen von Disparitäten selbst von komplexer Natur, weshalb man sich dem Thema durch Kategorisierungen und Begrifflichkeiten wie Entwicklungs-, Schwellen- und Industrieland annähern möchte.

ZENTRALER BEGRIFF – ENTWICKLUNGSLAND

Als **Entwicklungsland** bezeichnet man Staaten, die in ihrer – beispielsweise wirtschaftlichen und sozialen – Entwicklung einen niedrigen Stand aufweisen (betrachtet aus der Perspektive eines Industrielandes heraus).

Entwicklungsländer zeichnen durch – in vielen Fällen – gemeinsame Merkmale aus.

Merkmale vieler Entwicklungsländer

- niedriges **Bruttoinlandsprodukt/Bruttonationaleinkommen**
- niedriges Einkommen der Einwohner
- weit verbreitete Armut, teils Unterernährung
- hohe Arbeitslosenquote
- hohe Bedeutung des informellen Sektors
- schwach ausgebaute Infrastruktur in den Bereichen Verkehr, Gesundheit, Kommunikation, Stromversorgung, Trinkwasserversorgung
- Wirtschaftsstruktur, die einen Schwerpunkt im primären Wirtschaftssektor aufweist
- einseitige Produktions- und Wirtschaftsstruktur (z. B. rohstoffbasierte Exportgüter)
- negative Handelsbilanz
- **geringe Lebenserwartung**
- hohe Kinder- und Säuglingssterblichkeit
- hohe Geburten- und Sterberate
- hoher Anteil an Analphabeten

- Der Begriff stellt einen Sammelbegriff für viele Staaten der Erde dar, die untereinander wiederum sehr große Differenzen aufweisen.

- Zudem gibt der Begriff vor, dass ständig eine Entwicklung stattfinde und sich diese an einer bestimmten Richtung (etwa die der Industrieländer) orientiere.

- Trotz aller Kritik an der Bezeichnung und mangels angemessener Alternativen ist der Begriff Entwicklungsland nach wie vor gebräuchlich.

- Im Gegensatz zu der **Dritten Welt**, die sich begrifflich ausdrücklich von der Zweiten und Ersten Welt abgrenzt, spricht man heute auch von der **Einen Welt**.

- So wird deutlich, dass Disparitäten nur schwer an Ländergrenzen zu definieren sind, sondern häufig im Zusammenhang mit globalen wirtschaftlich-kulturellen sowie politischen Verflechtungen zu sehen sind.

ZENTRALE BEGRIFFE – SCHWELLENLÄNDER/ TRANSFORMATIONSLÄNDER

- **Schwellenländer** sind Staaten, die sich ökonomisch stark entwickelt haben, in denen soziale Merkmale jedoch (noch) nicht so ausgeprägt sind.
- Befinden sich Staaten in einer Art Übergangsstadium z. B. durch Wechsel der Wirtschafts- und Gesellschaftsordnung, spricht man von **Transformationsländern**.

- Ehemalige Ostblock-Staaten sowie Länder Asiens gingen im Zuge der Transformation von einer zentral verwalteten Wirtschaft über zu einer marktwirtschaftlichen Ordnung.

- In Europa werden diese Staaten als Gruppe der **MOE** (mittel- und osteuropäische Staaten) bezeichnet (z. B. baltische Staaten, Polen, Ungarn).

- Schließlich gibt es die Kategorie der **Industrieländer**, denen man eine hohe Entwicklung in allen Bereichen zuschreibt.

Neben den genannten Kategorien gibt es Unterkategorien für bestimmte Staatengruppen:

1	**LLDC:** *landlocked developing countries* – Staaten, die keinen Zugang zum Meer besitzen, was zu Handelshemmnissen z. B. bei der Ausfuhr von Exportgütern auf dem Landweg führen kann.
2	**SIDS:** *small island developing countries* – Inselstaaten, die aufgrund der kleinen Fläche und der geringen Einwohnerzahl Entwicklungshemmnisse aufweisen und darüber hinaus häufig von Naturgefahren bedroht sind. Folgen des Klimawandels (z. B. möglicher Anstieg des Meeresspiegels) gefährden langfristig die Existenz kleiner und wenig sich über den Meeresspiegel erhebenden Inselstaaten.
3	**NIC:** *newly industrializing countries* – Staaten, deren wirtschaftliche Stärke sich enorm entwickelt hat, deren soziale Entwicklung dieser hinterherhinkt, häufig als Synonym für Schwellenland verwendet.
4	**BRICS:** Anfangsbuchstaben der Länder **B**rasilien, **R**ussland, **I**ndien, **C**hina, **S**üdafrika. Diese Staaten bilden eine Untergruppe der Schwellenländer, weil sich ihre Volkswirtschaften durch langjährige Zuwachsraten der Wirtschaftsleistung auszeichneten.
5	**Kleine Tiger:** Schwellenländer Südostasiens (erste und zweite Generation)
6	**OECD:** *Organisation for Economic Cooperation and Development* – internationale Organisation mit derzeit 36 Mitgliedern, den Großteil der Mitgliedsstaaten zählt man zu Industrieländern.

Um Länder entsprechend der Kategorien zu klassifizieren, benötigt man möglichst viele Informationen über das Land, aktuelle statistische Daten sowie Datenmaterial, aus dem deren Entwicklung hervorgeht.

🖝 Für eine Analyse des Entwicklungsstand bieten sich messbare **Indikatoren** an.

🖝 Um beispielsweise den Zustand der medizinischen Versorgung eines Staates zu analysieren, könnte man Indikatoren wie die Säuglingssterblichkeit oder die durchschnittliche Anzahl von Ärzten pro 1000 Einwohner heranziehen; über den Wert der Kalorienaufnahme pro Tag könnte man etwas über die Ernährungs- und Gesundheitslage der Bevölkerung erfahren.

Merkmal	Mögliche Indikatoren
Ökonomie	🖝 BIP pro Kopf 🖝 Arbeitslosenrate 🖝 durchschnittliches Pro-Kopf-Einkommen
Soziales	🖝 durchschnittliche Lebenserwartung 🖝 Anteil der Bevölkerung mit Zugang zu sauberem Trinkwasser 🖝 Anteil der Bevölkerung, der alphabetisiert ist

Merkmal	Mögliche Indikatoren
Ökologie	• Anteil der Fläche, die von Bodendegradation betroffen ist • Anteil der Fläche, die infolge künstlicher Bewässerung durch Bodenversalzung degradiert ist

• Das Ergebnis einer solchen Analyse kann in Fragen von Handelsverträgen, Kreditvergaben und **Entwicklungszusammenarbeit** von großer Bedeutung sein.

• Problematisch ist bei einer solchen Analyse, dass die Auswahl der Kriterien und Entwicklungsindikatoren das Ergebnis massiv beeinflusst. Dahinter steht die Frage, was man unter Entwicklung versteht und welche Kriterien herangezogen werden.

→ In einer wirtschaftsorientierten Betrachtung würden verstärkt ökonomische Indikatoren in die Analyse einbezogen.

→ Bei einem sozial-gesellschaftlichen Fokus zum Beispiel wäre es fraglich, mit welchen Indikatoren in der Analyse gearbeitet wird, da soziokulturelle Merkmale (z. B. Möglichkeiten des sozialen Aufstiegs, Vorherrschen traditioneller Wertevorstellungen und Verhaltensmuster) schwer zu erfassen und kaum messbar sind.

ENTWICKLUNGSSTAND ANALYSIEREN

Trotz aller Kritik an der Analyse eines Entwicklungsstands anhand statistischer Daten kann eine Einschätzung eines Entwicklungsstands Teil einer Prüfungsaufgabe sein.

→ Üben Sie daher die Einordnung eines Landes ein (hoher, mittlerer oder niedriger Entwicklungsstand).

→ Nutzen Sie hierfür möglichst aktuelles statistisches Datenmaterial.

→ Um die Aussagekraft von Indikatoren zu unterstreichen und Ihre Erläuterung zu verbessern, sollten Sie möglichst Vergleichswerte (z. B. von Deutschland) im Kopf haben.

→ Üben Sie darüber hinaus, die Entwicklung eines Landes zu erläutern, indem Sie einen Indikator über mehrere Jahre hinweg betrachten.

→ Grobe Übersichten zum Entwicklungsstand finden Sie auch im Weltatlas.

Eine einfache, nach ökonomischen Kriterien erstellte Klassifizierung stellt die Einteilung der Weltbank nach Höhe des Bruttonationaleinkommens dar.

So existieren laut dieser Klassifizierung vier Gruppen mit

- Staaten mit hohem Einkommen (z. B. Deutschland, Australien, Saudi-Arabien),
- Staaten mit mittlerem Einkommen an der oberen Einkommensgrenze: **UMC** (*upper middle income countries*) (z. B. Argentinien, Mexiko, Bulgarien),
- Staaten mit mittlerem Einkommen an der unteren Einkommensgrenze: **LMC** (*lower middle income countries*) (z. B. Ägypten, Indonesien, Bolivien),
- Staaten mit niedrigem Einkommen: **LIC** (*low income countries*) (z. B. Haiti, Nepal, Bangladesch).

Eine weitere Untergruppe wurde zu dieser Kategorisierung hinzugefügt, um zu verdeutlichen, welche Staaten die ärmsten Länder der Welt sind. Diese Gruppe wird unter der Abkürzung **LDC** (*least developed countries*) zusammengefasst (z. B. Jemen, Angola, Senegal).

ÖKONOMISCHE INDIKATOREN

- **Bruttonationaleinkommen (BNE):** Wert aller hergestellten Produkte und erbrachten Dienstleistungen, die innerhalb eines Jahres erzielt wurden (im Inland und im Ausland).
- **Bruttoinlandsprodukt (BIP):** Wert aller hergestellten Produkte und erbrachten Dienstleistungen, die innerhalb eines Jahres im Land selbst erzielt wurden.
- **Bruttoinlandsprodukt pro Kopf:** Höhe des BIP wird durch die Anzahl an Einwohnern dividiert, um die Wirtschaftsleistung großer und bevölkerungsarmer Länder miteinander vergleichen zu können.
- **Kaufkraftparität (KKP):** Maßeinheit zur besseren Vergleichbarkeit von Geldbeträgen.

Die Weltbank-Einteilung ist fokussiert auf die wirtschaftliche Leistung eines Landes und bietet einen schnellen Überblick, sie verrät hingegen nichts über **regionale Unterschiede** innerhalb eines Staates oder den Entwicklungsstand in den Bereichen Bildung oder Gesundheit. Darüber hinaus werden nur Wirtschaftsleistungen miteinbezogen, die statistisch geführt sind – Leistungen im informellen Sektor oder Arbeit der Subsistenzwirtschaft zählt nicht dazu.

Ebenso ist die Aussagekraft des Indikators BNE begrenzt, wenn man die Werte verschiedener Länder miteinander vergleicht, weil das BNE nicht die tatsächliche Kaufkraft widerspiegelt.

Aus diversen Kritikpunkten an der bestehenden Klassifikation heraus wurde im Jahr 1990 eine Alternative entwickelt, die versucht, den Stand menschlicher Entwicklung umfassender in den Blick zu nehmen als die Weltbank-Einordnung.

- Der **HDI** (*human development index*) ermittelt dabei für jeden Staat einen Wert, der sich aus den Indikatoren Lebenserwartung bei Geburt, Alphabetisierungsgrad der Erwachsenen (z. B. über die Schulbesuchsdauer) und reale Kaufkraft pro Kopf zusammensetzt.

- Zwar wird der Indikator BNE pro Einwohner in KKP doppelt gewichtet, doch schenkt der HDI auch den Bereichen Bildung und Soziales seine Aufmerksamkeit.

- Der HDI-Maximalwert beträgt 1, der Minimalwert 0.

- So unterscheidet der HDI drei Gruppen:
  - → hoher Entwicklungsstand (Indexwert > 0,8)
  - → mittlerer Entwicklungsstand (Indexwert 0,5 bis 0,8)
  - → niedriger Entwicklungsstand (Indexwert < 0,5).

- Auch der HDI kann keine **regionalen oder sozialen Disparitäten** berücksichtigen, weil er mit Durchschnittswerten ganzer Länder arbeitet. Hierfür müsste der HDI auf anderen Maßstabsebenen ermittelt werden, z. B. ein HDI für Regionen.

- Ebenso trifft der Index keine Aussagen über die politische Stabilität oder das politische System eines Landes. Auch die Menschenrechtssituation, die Bedingungen, unter denen Produkte hergestellt werden (etwa durch Kinderarbeit) sowie die Gleichstellung der Geschlechter spiegelt sich im HDI nicht wider. Letzteren Kritikpunkt griff man auf und entwickelte weitere Indizes, den **GDI** (*genderrelated development index*) und den **GEI** (*gender equality index*).

- Um die verschiedenen Dimensionen abzubilden, die ein Leben in Armut definieren, wurde der **HPI** (*human poverty index*) entwickelt, der mittlerweile durch den **MPI** (*multidimensional poverty index*) abgelöst wurde.

- Dieser Index soll den Alltag der Menschen stärker in den Blick nehmen, die in absoluter Armut leben.

Damit verbunden ist grundsätzlich die Frage, wie der Begriff Armut definiert ist.

ZENTRALER BEGRIFF – ARMUT

- Eine einfache, messbare **Armutsgrenze** stellt die Grenze von 1,90 US-Dollar dar (verfügbares Einkommen/Tag).
- Diese wurde durch die Weltbank definiert und basiert damit auf rein ökonomischen Gesichtspunkten: Wem pro Tag ein geringeres Einkommen zur Verfügung steht, um seine **Grundbedürfnisse** zu befriedigen, gilt als arm.
- Mit dieser Definition können verschiedene Dimensionen von Armut nicht erfasst werden, sodass andere Definitionen Armut als Ausweglosigkeit bezeichnen, sein eigenes Leben nach seinen Vorstellungen zu gestalten, etwa durch
  - → den fehlenden Zugang zu medizinischer Versorgung,
  - → den schwierigen Zugang zu schulischer Bildung/Weiterbildung,
  - → die fehlende Möglichkeit an der Teilhabe politischer Entscheidungen.

Der multidimensionale Ansatz des **MPI** versucht daher, Armut nicht indirekt durch das verfügbare Einkommen, sondern direkt über eine Vielzahl an Indikatoren zu messen.

- Untersucht werden die Bereiche Lebensbedingungen durch sechs Indikatoren, Bildung und Gesundheit durch jeweils zwei Indikatoren, sodass möglichst der Alltag des Menschen (etwa Untergewicht eines Familienmitglieds, Verfügbarkeit von Sanitäranlagen, Zugang zu Elektrizität) abgebildet wird.

Einen anderen Ansatz verfolgt der **HPI** (*happy planet index*), indem er neben statistisch erfassten Werten auch Ergebnisse repräsentativer Umfragen sowie Fragen des Ressourcenverbrauchs eines Landes wiedergibt.

- Der HPI erfasst die Lebenserwartung der Bevölkerung, die Frage nach dem subjektiv eingeschätzten *well-being* und den Wert des **ökologischen Fußabdrucks** (siehe S. 53) des Staats.
- Selbst bei hoher Zufriedenheit eines Großteils der Einwohner und einer hohen durchschnittlichen Lebenserwartung schneiden viele Industrieländer in diesem Index relativ schlecht ab, da der Ressourcenverbrauch sehr hoch ist und häufig die Biokapazität eines Raumes übersteigt.

Ursachen von Unterentwicklung

Es gibt verschiedene Theorien, die die Ursachen für Unterentwicklung erklären. Grundsätzlich unterscheidet man zwischen **endogenen Theorien**, die in den Entwicklungsländern selbst nach Erklärungen suchen, und **exogenen Theorien**, die Zusammenhänge außerhalb der Staaten mitverantwortlich für Unterentwicklung machen.

- Die These der **Geodetermination** geht davon aus, dass naturgeographische Voraussetzungen wie Klima und Boden verantwortlich für den Entwicklungsstand eines Landes sind.

- So lägen viele Entwicklungsländer in Landschaftszonen, die landwirtschaftlich schwer zu nutzen seien. Nährstoffarme Böden, regelmäßige Dürren und lebensfeindliche Räume verhindern – laut geodeterministischem Ansatz – eine erfolgreiche Landwirtschaft, die die eigene Bevölkerung versorgen kann. Mögliche Folgen seien **Unter- oder Mangelernährung** sowie die Anfälligkeit, aufgrund körperlicher Entkräftung, zu erkranken.

- Industrieländer dagegen lägen – der These folgend – überwiegend in den gemäßigten Breiten.
  - → Kritiker der Theorie der Geodetermination entgegnen etwa, dass es nach dieser Theorie kaum einen Ausweg aus der Unterentwicklung geben könne, Beispiele aus der Praxis allerdings dagegen sprächen.
    Den Entwicklungsstand allein über die Lage eines Landes zu erklären, erscheint Kritikern daher als ein zu eindimensionaler Erklärungsansatz.

- Ebenfalls zu den endogenen Theorien zählt die **Modernisierungstheorie**. Als Ursache für die Unterentwicklung sieht sie interne Missstände selbst an, die durch vorherrschende Armut verursacht wird.
  - → Die materielle Armut wirke sich dann auf viele weitere Bereiche aus.
  - → Auf der Familienebene beispielsweise bedeute eine verbreitete Armut, dass Kinder arbeiten müssten, um etwas zum Familieneinkommen beitragen zu können bzw. um die Altersvorsorge ihrer Eltern zu sichern. Das wiederum bedeute, dass viele Kinder nicht zur Schule gehen könnten und sich die Armut möglicherweise in der nächsten Generation fortsetze.

● Durch Bevölkerungswachstum, eine hohe Arbeitslosigkeit und ein geringes Bildungsniveau erreiche der Staat insgesamt eine geringe Produktivität und damit kaum Möglichkeiten, zu investieren (**Teufelskreis der Armut**).

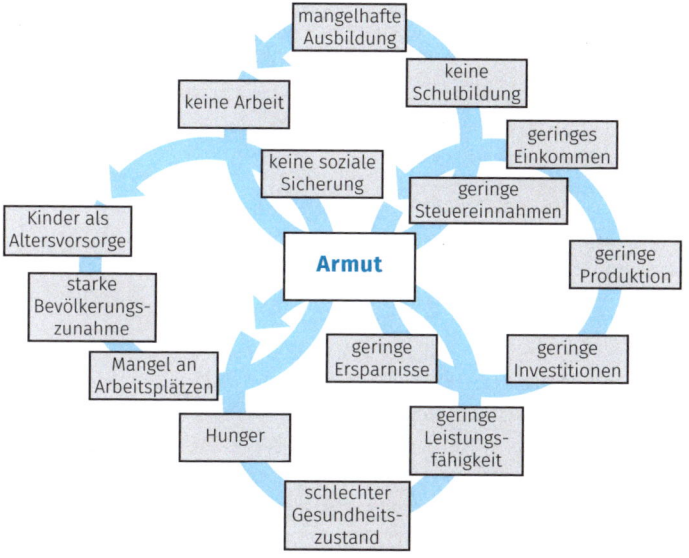

Teufelkreis der Armut

● Die **Dependenztheorie** dagegen bindet als **exogene** Theorie historische und gegenwärtige Zusammenhänge in ihre Thesen ein.

● So waren viele gegenwärtige Entwicklungsländer früher **Kolonien**, die wirtschaftlich ausgebeutet wurden, indem sie Rohstoffe lieferten und als Absatzmarkt von Fertigwaren dienten.

● Politische Unterdrückung, wirtschaftliche Abhängigkeit und **Ausbeutung** habe die früheren Kolonien sehr stark geprägt, sodass Spätfolgen auch nach der politischen Unabhängigkeit der Länder bis heute durch die sogenannte **strukturelle Abhängigkeit** bestehen.

● Entwicklungsländer stünden bis heute in einem ähnlichen Abhängigkeitsverhältnis in ihrer Rolle als Rohstofflieferant, ohne die die Entwicklung der Industriestaaten nicht möglich gewesen sei.

● Erwirtschaften ausländische Großkonzerne beispielsweise Gewinne auf Kosten der natürlichen Gegebenheiten, fließen diese Gewinne in das Ausland ab und hinterlassen beispielsweise ausgelaugte Böden oder gerodete Wälder.

- Auch die **Weltmarktabhängigkeit** verstärke, so die Vertreter der Dependenztheorie, die Abhängigkeit vieler Entwicklungsländer, die zu einem großen Teil eine rohstoffbasierte Exportstruktur besitzen (**Neokolonialismus**).

- Die Abhängigkeit von nur wenigen rohstoffbasierten Exportprodukten macht ein Land wirtschaftlich krisenanfällig, z.B. durch Wetterextrema oder Preisschwankungen auf dem Weltmarkt. Auf den Import von Fertigwaren (wie Maschinen und Fahrzeuge) dagegen können Entwicklungsländer schlecht verzichten, da man sich durch diese eine Modernisierung der Wirtschaft verspricht.

- Die realen Austauschverhältnisse zwischen Import- und Exportgütern können sich durch die Außenhandelsstrukturen von Entwicklungsländern verschlechtern (Verschlechterung der *terms of trade*) und zu einer **Verschuldung** führen.

- Weitere Ansätze zur Erklärung von Unterentwicklung empfehlen, aktuelle Prozesse der **Globalisierung** stärker in den Blick zu nehmen, da diese dazu führe, dass bestimmte Räume und Akteure stark in Globalisierungsprozesse eingebunden sind und von ihr profitieren, andere Räume und Bevölkerungsteile dagegen von politischen Entscheidungen, wirtschaftlichem Wohlstand, Investitionen, Forschung und Entwicklung völlig abgeschieden sind.

- Ein Nebeneinander von den machvollen, aktiven Schaltzentralen der Globalisierung und der abhängigen Peripherie wird als **Fragmentierung** bezeichnet.

Trotz aller Bemühungen, Länder nach möglichst genauen Verfahren zu klassifizieren, bleiben die Ergebnisse umstritten, das sie die Lebenswirklichkeit der Bevölkerung nich widerspiegelten. Insofern können Theorien, die nach Ursachen für Unterentwicklung suchen, allenfalls eine Annäherung an komplexe Sachverhalte darstellen.
Ebenso verhält es sich mit den – je nach Theorie empfohlenen – **Entwicklungsstrategien**.

- Die **Modernisierungstheorie** bestimmt den Stand der Entwicklungsländer als rückständige Vorstufe auf dem Weg zu einem Industrieland, entsprechend versteht sich die Entwicklungsstrategie als Maßnahme, den Teufelskreis der Armut zu durchbrechen.

- In einer Aufholstrategie setzt man auf einen *big push* (zum Beispiel der Bau des Assuan-Staudamms in Ägypten), ein durch ausländisches Kapital finanziertes Großprojekt. Dieses Konzept generiere ein Wirtschaftswachstum und sorge für eine Verbesserung der Infrastruktur, sodass sich – so die Vorstellung – relativ schnell die Lebensbedingungen vor Ort verbessern würden.

- Positive Effekte des Großprojekts sollen sich nach und nach auf andere Räume sowie Bevölkerungsschichten auswirken *(trickle-down-effect)*.

- Die Finanzierung durch ausländische Geldgeber wurde im Nachhinein von vielen als Form des **Neokolonialismus** gedeutet.

- Die Realisierung von Großprojekten läuft Gefahr, die mit ihm verbundenen Hoffnungen und Ziele zu hoch zu stecken und nicht an die Gegebenheiten vor Ort angepasst zu sein.

- Die Dependenztheorie dagegen verfolgt den Ansatz, sich für einen gewissen Zeitrahmen aus der Weltwirtschaft zurückzuziehen. Durch diese **Abkopplung** soll die Abhängigkeit von ausländischen Großkonzernen beendet werden, sodass der Staat sich zunächst auf die Grundbedürfnisse seiner Einwohner konzentrieren kann.

- Eine neue **Weltwirtschaftsordnung** und ein fairer Welthandel ohne Abhängigkeitsverhältnisse werden seit Langem gefordert, sind jedoch bis heute nicht umgesetzt.

- Inwieweit Globalisierungsprozesse und Handelsbeziehungen des 21. Jahrhunderts zum Abbau weltweiter Disparitäten beitragen können, ist umstritten. Zwar wurde die **WTO (*World Trade Organization*)** mit dem Ziel gegründet, den Welthandel generell zu liberalisieren, sodass möglichst viele Länder ohne Handelshemmnisse daran teilhaben können – jedoch zeigt sich, dass der Welthandel allgemein von bestimmten Regionen dominiert ist. Die Integration der Märkte von Entwicklungsländern kann einen Weg darstellen, am Globalisierungsprozess aktiv teilzuhaben und von diesem langfristig auch zu profitieren.

- Typische Messinstrumente zur globalen Handelsverflechtung sind das **Handelsvolumen** bzw. Handelsströme sowie die Höhe von getätigten **ausländischen Direktinvestitionen** (**ADI**, im Englischen FDI *foreign direct investments*). Der Zufluss von ADI findet sowohl in Industrie-, Schwellen- als auch in Entwicklungsländern statt, konzentriert sich allerdings auf bestimmte Regionen. So entfällt ein Großteil der weltweit investierten ADIs auf einige wenige Staaten.

Reduzierung von Disparitäten

Disparitäten sind nahezu allgegenwärtig auf verschiedenen Maßstabsebenen vorhanden:

DISPARITÄTEN – GLOBAL, SOZIAL, REGIONAL

- **Globale Disparitäten** bestehen beispielsweise zwischen der Gruppe der Entwicklungsländer auf der einen und der Gruppe der Industrieländer auf der anderen Seite.
- Große Unterschiede können sowohl weltweit als auch zwischen Nachbarstaaten bestehen sowie innerhalb eines Landes **(regionale Disparitäten)**.
- Disparitäten können räumlich ebenso wie sozial ausgeprägt sein, sodass bestimmte Räume innerhalb eines Staates wirtschaftlich aktiv sein können, andere Regionen dagegen von Entwicklung völlig abgeschieden zu sein scheinen **(räumliche Disparitäten)**.
- Wachstumspole stellen oft Küstengebiete oder Hauptstadtregionen sowie ihr Umland dar.
- Verfestigte räumliche Disparitäten lassen sich nur schwer verändern.
- **Soziale Disparitäten** bestehen aufgrund sozioökonomischer Merkmale (z. B. Beruf oder Einkommen, soziale Stellung) und können mit räumlichen Disparitäten einhergehen.

Entwicklungshilfe / Entwicklungspolitik

Die Schere zwischen Arm und Reich nicht zu groß werden zu lassen und allen Menschen möglichst gleiche Lebensverhältnisse zu bieten, ist ein Ziel der Reduzierung von Disparitäten.

- Die Instrumente von Regierungen reichen von der Verlegung einer Hauptstadt bis hin zu wirtschaftsfördernden Maßnahmen, um z. B. periphere Räume zu fördern.

- Globale Disparitäten zu bekämpfen bedeutet in den ärmsten Ländern der Welt zum Beispiel, den Ursachen von Unterernährung auf den Grund zu gehen, eine bessere medizinische Versorgung zu bewirken und die Ausbreitung von Krankheiten zu verhindern.

- Viele Industriestaaten unterstützen Entwicklungsländer bei der Überwindung von Disparitäten im Rahmen ihrer **Entwicklungspolitik**.

AKTEURE DER ENTWICKLUNGSZUSAMMENARBEIT

* Entwicklungspolitik der jeweiligen Staaten (z. B. in Deutschland das Bundesministerium für wirtschaftliche Zusammenarbeit und Entwicklung; **GIZ** (Deutsche Gesellschaft für Internationale Zusammenarbeit) im Auftrag eines Ministeriums).
* Vereinte Nationen durch ihre Organisationen **UNCTAD** (*United Nations Conference on Trade and Development,* Handels- und Entwicklungskonferenz) sowie **UNEP** (*United Nations Environment Programme,* Umweltprogramm).
* **NGOs** (*Non-Governmental Organizations,* Nichtregierungsorganisationen), die eine Lobby für arme Menschen darstellen und z. B. privat organisierte Projekte fördern.

Hinter der **Entwicklungszusammenarbeit** vieler Staaten stecken zum einen eine moralische Selbstverpflichtung, zum anderen auch politische oder wirtschaftliche Motive.

* Realisierte und teils gescheiterte Projekte aus der Vergangenheit verdeutlichen, wie sich die Zielsetzungen der Entwicklungspolitik weg von einer schnellen, aufholenden Modernisierung (1960er-Jahre) verändert haben. Darauf folgte ein Leitbild, welches sich auf den Alltag der Menschen und deren dringlichsten Probleme fokussierte.
  → Die sogenannte **Grundbedürfnisstrategie** zielte darauf ab, etwa das Grundbedürfnis auf ausreichende und qualitativ hinreichende Nahrung zu befriedigen.
  → Kinder, die unter Mangel- oder Unterernährung aufwachsen, erleiden oft Wachstumsstörungen, was ihre späteren Chancen auf dem Arbeitsmarkt und damit ihrer Aussicht auf ein existenzsicherndes Einkommen minimieren kann.
  → Zu den Grundbedürfnissen zählte man neben der Erfordernis materieller Güter (z. B. Nahrung, Kleidung, Wohnung) auch das Bedürfnis nach Gesundheit, Bildung, Arbeit. Mitte der 1970er-Jahre ging man noch einen Schritt weiter und erklärte auch Werte wie Meinungsfreiheit als wichtiges Ziel von Entwicklung.
  → Teil der Grundbedürfnisstrategie ist die gezielte **Förderung von Frauen**, um ihnen z. B. durch berufliche Weiterbildung die Möglichkeit zu geben, Einkommen zu erzielen und Vermögen aufzubauen.
* Generell schrieb sich die Entwicklungszusammenarbeit auf die Fahne, Projekte zu initiieren, die eine **angepasste Entwicklung** fördern.

→ Was darunter im Einzelnen zu verstehen ist, hängt von den Bedingungen vor Ort ab, den wichtigsten Entwicklungsbereichen und den vorhandenen Ressourcen; es geht darum, möglichst eine **Hilfe zur Selbsthilfe** in die Wege zu leiten.

→ Diese Formen der angepassten Entwicklung erfordern in der Regel eine langfristige Entwicklungszusammenarbeit sowie den Transfer von Know-how oder technische Beratung.

→ Damit unterscheiden sich diese Hilfen grundsätzlich von vorherigen Paradigmen, die lediglich eine große Kapitalhilfe oder die Finanzierung eines Großprojekts vorsahen.

ENTWICKLUNGSPOLITIK BEURTEILEN

→ Wird in Ihrer Prüfung ein Projekt im Rahmen von Entwicklungspolitik vorgestellt, seien Sie darauf vorbereitet, dieses zu beurteilen oder hierzu Stellung zu beziehen.

→ Versuchen Sie zunächst, die Ausgangssituation des Landes oder der Region kurz zu skizzieren (z. B. naturräumliche Voraussetzungen, Entwicklungsstand, dringlichste Probleme). Erläutern Sie dann, welche Ziele das Projekt verfolgt, welche Maßnahmen bisher ergriffen wurden und welche vielleicht noch geplant sind. Ergänzen Sie weitere Informationen zu Zeitrahmen, finanziellem Aufwand, Träger des Projekts, Einbeziehung der Bevölkerung vor Ort etc. Nennen Sie anschließend möglichst viele Argumente und wägen Sie bei einer Beurteilungsaufgabe Vor- und Nachteile ab, bevor Sie zu einem abschließenden Fazit gelangen.

Der Millenniumsgipfel

Hunger, fehlende Primärbildung, Armut, mangelnder Zugang zu sauberem Trinkwasser – zentrale Probleme der Menschheit wurden auf dem sogenannten **Millenniumsgipfel** im Jahr 2000 definiert und die Bekämpfung jener von den UN-Mitgliedsstaaten bestätigt.

1	Hunger und Armut bekämpfen
2	Primärschulbildung fördern
3	Gleichstellung der Geschlechter fördern
4	Gesundheit von Kindern und Säuglingen stärken
5	Gesundheitsfürsorge von Müttern verbessern
6	Krankheiten bekämpfen

| 7 | Umwelt schützen und Nachhaltigkeit fördern |
| 8 | Verantwortung übernehmen für weltweite Entwicklung (durch alle Staaten der Welt) |

Acht **Millenniumsziele** wurden fixiert, die später durch genaue Angaben und Vereinbarungen ergänzt wurden. Erreicht werden sollten die Vorgaben bis zum Jahr 2015. Eine Bilanz kann daher bereits gezogen werden:

🔹 Der Anteil der Menschen, der in Entwicklungsländern mit weniger als 1,25 US-$ pro Tag auskommen muss, sank von 47 Prozent (im Jahr 1990) auf 14 Prozent (2015), mehr Erwerbstätige arbeiten weltweit in der Mittelschicht und der Anteil an unterernährten Personen hat massiv abgenommen. Weltweit gesehen können mehr Mädchen die Schule besuchen als noch in den 1990er-Jahren, die Kindersterblichkeitsrate konnte gesenkt werden.

🔹 Die erzielten Erfolge spiegeln auf der einen Seite deutlich verbesserte Lebensverhältnisse in einigen Regionen wider, auf der anderen Seite verdeutlichen nicht erzielte Zielvorgaben die weiterhin bestehende extreme Armut in einigen Ländern. Entscheidende Infrastruktur (Zugang zu sauberem Wasser, Zugang zu Sanitäreinrichtungen) sowie menschenwürdiges Wohnen ist noch immer keine Selbstverständlichkeit, darüber hinaus bestehen die Disparitäten zwischen Stadt und Land sowie die Ungleichheit zwischen den Geschlechtern weiterhin.

Seit den 1990er-Jahren stehen die Programme der Entwicklungspolitik unter der Maßgabe einer **nachhaltigen Entwicklung**, die sich an den Bereichen Ökologie, Ökonomie, Soziales und Kultur/Politik orientiert.

🔹 Das bedeutet, dass eine wirtschaftliche Entwicklung einhergehen soll mit ökologischem Gleichgewicht, dieses wiederum soll zusammengehen mit sozialer Gerechtigkeit und kultureller Identität, ohne dabei zukünftige Generationen zu belasten.

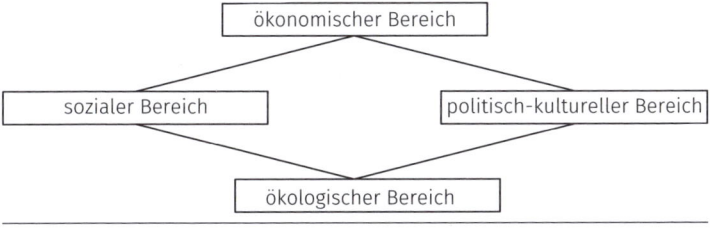

Nachhaltigkeit

🔹 Nachhaltige Entwicklung kann nur stattfinden, wenn alle Bereiche entsprechend wirtschaften, daher ist auch eine ***good governance***

Grundvoraussetzung für Entwicklungszusammenarbeit sowie eine zukunftsfähige Entwicklung.

- Ziele wie politische Teilhabe, Meinungsfreiheit, politische Stabilität und das Bekämpfen von **Korruption** tragen daher zudem zu einer nachhaltigen Entwicklung bei.

DISPARITÄTEN   Checkliste

Überprüfen Sie ihre Kenntnisse zu folgenden Bereichen:
→ Definitionen der Begriffe Entwicklungsland, Schwellenland, Industrieland
→ Definitionsprobleme sowie Kritik an den Begrifflichkeiten
→ Transformländer/MOE
→ Untergruppen wie SIDS, BRICS, NIC, LLDC, kleine Tiger, OECD definieren
→ Indikatoren für die Analyse eines Entwicklungsstands
→ Klassifikation der Weltbank
→ Kritik an der Klassifikation anhand ökonomischer Indikatoren
→ Entwicklungsstand nach dem HDI ermitteln
→ Aussagekraft von HDI und MPI vergleichen
→ Definition des Begriffs Armut
→ HPI (*happy planet index*)
→ Ursachen für Unterentwicklung kennen sowie Theorien (endogen und exogen) erläutern können
→ Terms of trade
→ Entwicklungsstrategien wie *big push* und Abkopplung vom Weltmarkt erläutern
→ Kritik an der Strategie der Nachholenden Modernisierung
→ Definition und Maßstabsebenen von Disparitäten
→ Instrumente zur Reduzierung von Disparitäten
→ Träger(gruppen) von internationaler Entwicklungspolitik und -arbeit kennen
→ Veränderungen der Leitbilder und Ziele von Entwicklungspolitik (Grundbedürfnisstrategie, angepasste Entwicklung, Frauenförderung, Hilfe zur Selbsthilfe)
→ Millenniumsziele der UN
→ Nachhaltige Entwicklung
→ *Good governance*

DEMOGRAFIE

Grundsätzliches

Demografische Entwicklungen werfen wichtige Fragen zur Tragfähigkeit von Räumen auf und können sozioökonomische Prozesse massiv beeinflussen. Auch weltweite Migrationsbewegungen spielen für geografische Fragestellungen eine große Rolle.

- **Fertilität** (Fruchtbarkeit) und **Mortalität** (Sterblichkeit) bestimmen im Wesentlichen die **natürliche Bevölkerungsentwicklung.** Daneben gibt es die **räumliche Bevölkerungsentwicklung (Migration).**

WICHTIGE BEGRIFFE UND DEFINITIONEN

- **Demografie:** Abgeleitet vom griechischen Wort *demos* (etwa Volk, Staatsvolk). Es geht in der Demografie darum, Entwicklungen sowie Strukturen zu erforschen.
- **Demografische Fragestellungen** treten auf unterschiedlichen Maßstabsebenen auf, es können etwa die Bevölkerung eines Landes oder die Weltbevölkerung unter verschiedenen Aspekten untersucht werden.
- **Geburtenrate:** Verhältnis der Anzahl Neugeborener zur gesamten Bevölkerungszahl
- **Sterberate:** Verhältnis der Anzahl Verstorbener zur gesamten Bevölkerungszahl (z. B. 10 Todesfälle im Verhältnis zu 1000 Einwohnern)
- **Zuwachsrate:** Verhältnis zwischen Geburten- und Sterberate. Gibt es z. B. in einem Land innerhalb eines Jahres einen **Geburtenüberschuss** – werden also mehr Kinder geboren als in einem Zeitabschnitt Personen verstorben sind – liegt ein natürlicher Bevölkerungszuwachs vor. Die Wachstumsrate pro Jahr wird häufig in Prozent angegeben.
- **Gesamtfruchtbarkeitsrate** *(TFR, total fertility rate)*: durchschnittliche Anzahl von Kindern, die eine Frau zur Welt bringt
- **Ersatzniveau:** Höhe der Gesamtfruchtbarkeitsrate, durch welche die derzeitige Generation ersetzt wird, sodass etwa gleich viele Personen in der nächsten Generation leben

- In Industrieländern mit einer guten medizinischen Versorgung ist eine TFR von durchschnittlich 2,1 ausreichend, um das Ersatzniveau zu erreichen.
- Je höher die **Säuglingssterblichkeitsrate** eines Staates, desto höher muss die TFR hinsichtlich des Ersatzniveaus sein.
- Als **Altersstruktur** bezeichnet man die Zusammensetzung einer Bevölkerung, etwa nach Größe der verschiedenen Altersgruppen.
- Bedingt durch den Aufbau einer Bevölkerung ergibt sich ein **Altersstruktureffekt**, der sich in der folgenden Generation auswirkt. Kommt beispielsweise eine Babyboom-Generation in das gebärfähige Alter, ist die Wahrscheinlichkeit einer großen nachfolgenden Generation hoch.

Grundsätzlich ist die demografische Entwicklung regional unterschiedlich ausgeprägt.

- Weltweit gibt es Staaten mit einer wachsenden, stagnierenden oder schrumpfenden Bevölkerungszahl, das muss jedoch nicht bedeuten, dass die Durchschnittswerte eines Staates wiederum für alle seine Regionen gelten. Typische Gegensätze demografischer Entwicklungen sind etwa Stadt-Land-Unterschiede.

Untersucht werden demografische Entwicklungen anhand statistischen Materials, welches die Staaten dieser Erde auf unterschiedliche Art und Weise erheben.

- Ausgangspunkt ist häufig Datenmaterial aus zurückliegenden **Volkszählungen.**
- Auf dieser Grundlage können dann anhand von **Fortschreibungen** und Modellberechnungen Daten veröffentlicht und Prognosen für die zukünftige demografische Situation eines Landes getroffen werden.
- Im Jahr 2011 fand in Deutschland eine gesamtdeutsche Volkszählung (**Zensus**) statt, bei welcher Bürger zur Auskunft verpflichtet waren.
- Daneben wird in regelmäßigem Zeitabstand ein **Mikrozensus** durchgeführt, dessen Ergebnisse mit den fortgeschriebenen Daten des letzten Zensus verglichen werden.
- Beim Mikrozensus wird im Gegensatz zur Volkszählung lediglich eine bestimmte Anzahl deutscher Haushalte befragt, um repräsentative Ergebnisse zu erhalten.

- Ein Mikrozensus ist wesentlich günstiger und schneller durchführbar.

- In Indien hat man jahrelang alle Erwachsenen mittels biometrischer Daten erfasst, um einen Überblick über die tatsächliche Bevölkerungszahl zu erhalten.

- Politische Unruhen oder Naturkatastrophen verhindern unter Umständen die Erfassung statistisch korrekter Daten. Ebenso ist die Infrastruktur, welche zur Erhebung von Datenmaterial nötig ist, nicht in allen Regionen der Erde ausgeprägt, sodass man im Allgemeinen von Ungenauigkeiten hinsichtlich demografischer Daten ausgehen kann.

Demografische Phänomene

Wachstum der Weltbevölkerung

- Die Weltbevölkerung wächst, es gibt starke regionale Disparitäten.
  → Hohe Zuwachsraten bestehen in einem Großteil der Entwicklungsländer, die Bevölkerung vieler Industrieländer dagegen schrumpft, man spricht von einer sogenannten **demografischen Spaltung**.

- Eine in vielen Regionen schnell wachsende Weltbevölkerung bedeutet für die demografische Struktur, dass ein hoher Anteil an Kindern und Jugendlichen sowie jungen Erwachsenen vorherrscht.

- Über die Entwicklung der Weltbevölkerung bestimmen im Wesentlichen persönliche Entscheidungen mit.

- Zudem spielen materielle sowie politische, sozioökonomische Ursachen bei der Entscheidung für bzw. gegen Nachkommen eine Rolle:

1	**Tradition und Religion:** religiöse Motive, Achtung von Traditionen, soziales Ansehen kinderreicher Familien, Heiratsalter
2	**Wirtschaftliche Situation:** Kinder gelten in einigen Regionen als sozialer und wirtschaftlicher Faktor, sie dienen etwa als Altersvorsorge, wenn staatliche Sicherungssysteme (Krankenversicherung, Rentensystem) fehlen; Kinder schaffen in einigen Familien zusätzliches Einkommen (z. B. Kinderarbeit).
3	**Staat und Politik:** Bevölkerungspolitik eines Landes, finanzielle Anreize
4	**Familienplanung und persönliche Motive:** Persönliche Entscheidung über die Anzahl der Nachkommen, Möglichkeit des Zugangs zu Verhütungsmitteln, Informationen über Familienplanung

- Selbst bei nachlassender Fertilität in den nächsten Jahren wäre aufgrund des Altersstruktureffekts zunächst noch nicht mit einer Verlangsamung des Wachstums zu rechnen. Eine weiterhin wachsende Weltbevölkerung stellt die Welt insgesamt vor große Herausforderungen in verschiedenen Bereichen. Zwei Beispiele verdeutlichen dies:

Mögliche Folgen des Bevölkerungswachstums

- Die **Frage der Ernährung** einer wachsenden Weltbevölkerung bei gleichbleibender Flächenverfügbarkeit: Die landwirtschaftliche Nutzfläche pro Kopf wird geringer, Teile der Fläche sind bereits durch Bodendegradation geschädigt. Müssen z. B. Wälder gerodet werden, um mehr Nutzfläche zu schaffen oder kann eine produktive Landwirtschaft ausreichend hohe Erträge erwirtschaften?
- Die **Frage des Lebensstandards:** Jeder Mensch möchte, so die Grundannahme, seinen hohen Lebensstil erhalten bzw. seinen Lebensstandard steigern. Benötigt die wachsende Weltbevölkerung dann mehr Ressourcen, Energie und Fläche?

Diese beiden Beispiele heben die grundsätzliche Frage der **Tragfähigkeit** des Planeten Erde für mehr als sieben Milliarden Erdenbürger hervor. So mag die gesamte Tragfähigkeit durch technische Innovationen und neue Verfahren durchaus zu steigern sein, auf regionaler Maßstabsebene ist diese in einigen bevölkerungsreichen Räumen der Erde bereits überschritten.

- Fragen zur Tragfähigkeit der Erde beschäftigten **Thomas Malthus** bereits im 18. Jahrhundert. Er ging davon aus, dass die Nahrungsmittelproduktion mit dem Wachstum der Bevölkerung nicht Schritt halten könne, sodass es unweigerlich zu Auseinandersetzungen um das knappe Gut Nahrung kommen müsse.

- In aufwendigeren Szenarios widmete sich in den 1970-er Jahren der **Club of Rome** einer ähnlichen Fragestellung.
  - → Zwar gab es weder in den Berichten von damals (noch gibt es diese in gegenwärtigen Szenarien) eindeutige Prognosen, da das Zusammenspiel aus Biokapazität, Ökosystemen, Tragfähigkeit, industrieller Produktion und Konsumverhalten des Menschen durchaus komplex ist.
  - → Doch gelten die Veröffentlichungen der Organisation unter dem Titel „Die Grenzen des Wachstums" (1972) als Denkanstoß für viele, die sich mit Nachhaltigkeit auseinandersetzen.

Altersstruktur einer Bevölkerung

Den Aufbau einer Bevölkerung kann man anhand eines speziellen Diagramms (**Bevölkerungspyramide**) ablesen. Dieses gibt den aktuellen Stand der Bevölkerung eines Landes wieder (Anzahl sowie Altersklassen), es lassen sich darüber hinaus Rückschlüsse auf die Vergangenheit ziehen, auch eine grobe Prognose aufgrund des Altersstruktureffekts ist mithilfe von Bevölkerungspyramiden durchaus möglich.

Form	Pyramide	Glocke/ Bienenkorb	Urne
Ländergruppe	vorindustrielle Phase, viele Entwicklungsländer	viele Industrieländer	postindustrielle Gesellschaft (einige Industrieländer)
typische Strukturen	hoher Geburtenüberschuss, niedrige Lebenserwartung, Dominanz junger Altersgruppen	gleichbleibende Geburtenrate über einen gewissen Zeitraum, höhere Lebenserwartung	Geburtenrate nimmt ab, hohe Lebenserwartung
Bevölkerungsentwicklung	Bevölkerungswachstum	stagnierende Bevölkerungsentwicklung	schrumpfende Bevölkerungsentwicklung
Grafik	Pyramide	Glocke	Urnenform

* Die Altersstruktur der etwa 82,5 Millionen Menschen in Deutschland, mit einem hohen Anteil an älteren Altersgruppen, wird übersichtlich dargestellt.

* Bevölkerungspyramiden eines Landes verschiedener Zeitebenen können zudem Aussagen über die demografische Entwicklung eines Landes treffen.

* Am Beispiel Deutschland lassen sich etwa die Folgen des Zweiten Weltkriegs immer noch ablesen, zudem gibt das Diagramm Hinweise auf geburtenstarke und -schwache Zeitabschnitte.

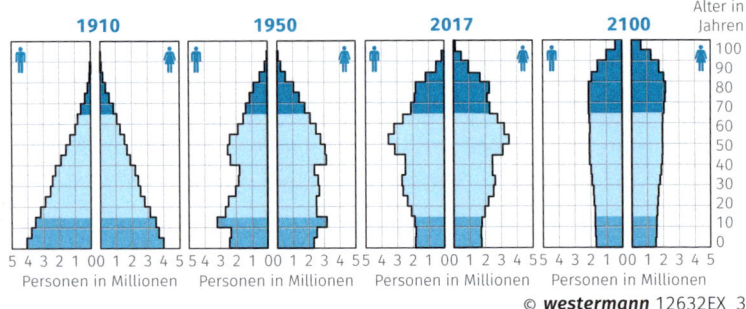

Bevölkerungspyramiden für Deutschland zu verschiedenen Zeiten

BEVÖLKERUNGSPYRAMIDEN AUSWERTEN

Das Auswerten und Deuten einer Bevölkerungspyramide zählt zu den gängigsten Prüfungsaufgaben, wenn der Gegenstand der Demografie thematisiert wird.

→ Prägen Sie sich die Grundformen (Pyramide, Glocke und Urne) gut ein.

→ Beachten Sie, dass in der Praxis nicht immer eine eindeutige Zuordnung nach den Grundformen möglich ist, sondern auch Zwischenformen denkbar sind.

→ Üben Sie daher die Einordnung eines Landes vor der Prüfung ein, verknüpfen Sie Ihre Ergebnisse dann mit Informationen zum Entwicklungsstand des jeweiligen Landes.

→ Versuchen Sie ebenfalls, die demografische Entwicklung zu erläutern, indem Sie eine aktuelle Darstellung sowie ältere Daten miteinander vergleichen.

→ Achten Sie vor der Beschreibung der Bevölkerungspyramide auf die Achsenbeschriftung, die Angaben werden je nach Staat in 1000 bzw. in Millionen gemacht.

→ Registrieren Sie möglichst Auffälligkeiten in der Diagramm-darstellung wie besonders geburtenstarke Jahrgänge, ungewöhnliche Strukturen oder unausgewogene Anteile hinsichtlich der Geschlechter (etwa ein Frauen- oder Männer-überschuss).

→ Aktuelles Übungsmaterial finden Sie im Internet.

Demografischer Wandel

Das generative Verhalten hat sich im Zuge des Wandels von einer vorindustriellen zur postindustriellen Gesellschaft stark verändert. Den Übergang von sehr hohen Geburten- sowie Sterbeziffern zu einem sehr niedrigen Niveau beider Werte beschreibt das **Modell des Demografischen Übergangs**.

- Dieser Wandel verlief in längeren Zeiträumen.

- Das Modell wurde von amerikanischen Demografen entwickelt und basiert auf Datenmaterial (Geburten- und Sterberaten verschiedener europäischer Länder).

- Das Modell spiegelt wesentliche wirtschaftliche und gesellschaftliche Entwicklungen wider, die Einfluss auf das generative Verhalten haben.

- Entwickelt wurde das Modell für die idealtypische Beschreibung von demografischen Veränderungen westlicher Industrieländer.

- Untergliedert ist das Modell in fünf Phasen, später wurde das Modell durch zwei sogenannte Neue Phasen ergänzt.

Phase	Merkmale
1	Vorindustrielle Phase: hohe Sterberaten (aufgrund mangelnder medizinischer Versorgung sowie fehlender Hygiene). Als Reaktion auf die hohe Sterblichkeit (auch einer hohen Kindersterblichkeit) werden viele Kinder geboren (auch als wirtschaftlich-soziale Form der Absicherung).
2	Frühindustrielle Phase: erstes Absinken der Sterberate, die sich immer noch auf einem hohen Niveau befindet (durch eine verbesserte Versorgung mit Nahrungsmitteln sowie einer verbesserten medizinischen Versorgung). Die Geburtenrate bleibt konstant hoch.
3	In dieser Phase findet der Umschwung statt, da sowohl die Sterberate weiter sinkt (weitere Verbesserung der medizinischen Grundversorgung) als auch die Geburtenrate (Zugang zu Verhütungsmitteln, bessere Versorgungslage, erste soziale Sicherungssysteme).
4	Industrielle Phase: Die Sterberate liegt auf einem konstanten niedrigen Niveau, die Geburtenrate dagegen sinkt weiter (veränderte Wertesysteme, Wahrnehmung der Rolle der Frau). Damit ändert sich die Altersstruktur ab dieser Phase grundlegend.
5	Postindustrielle Phase: Geburten- und Sterberate liegen auf einem konstanten, sehr niedrigen Niveau.

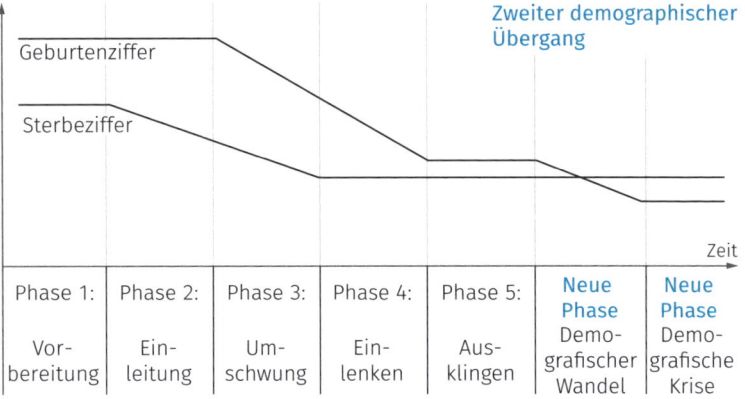

Phase 1:	Phase 2:	Phase 3:	Phase 4:	Phase 5:	Neue Phase	Neue Phase
Vor-bereitung	Ein-leitung	Um-schwung	Ein-lenken	Aus-klingen	Demo-grafischer Wandel	Demo-grafische Krise

- Die beiden neuen Phasen wurden dem Modell des Demografischen Übergangs hinzugefügt, um neuere gesellschaftliche Entwicklungen vieler Industrieländer abzubilden, etwa die Abnahme einer Bevölkerung eines Landes. Die Geburtenrate sinkt in der neuen Phase ab und rutscht somit unter das Niveau der Sterberate, was eine abnehmende Zuwachsrate zur Folge hat (**demografische Krise**) – in dieser demografischen Situation befindet sich Deutschland – trotz leicht ansteigender Geburtenzahlen in den letzten Jahren.

- Zwar gibt es Zusammenhänge zwischen dem Bildungsstand und der Kinderzahl pro Frau sowie zwischen dem Entwicklungsstand eines Landes und der Höhe der TFR, jedoch entscheiden im Einzelfall persönliche Möglichkeiten und Motive darüber, (k)ein Kind zu bekommen. Weitere Einflussfaktoren auf das generative Verhalten sind z. B.:

Einflussfaktoren

- Vereinbarkeit von Familie und Beruf
- Möglichkeiten der Kinderbetreuung
- (staatliche) Förderung von Familien (z. B. steuerliche Vorteile, finanzielle Unterstützung)
- gesellschaftliche und persönliche Werte (etwa religiöse Werte)
- Stabilität (im politischen Sinne und/oder im privaten Bereich)

Das Modell des Demografischen Übergangs hat den Anspruch, trotz der Beeinflussung durch Einflussfaktoren allgemeingültige Aussagen über das generative Verhalten zu treffen. Die Möglichkeiten der Übertragbarkeit auf Entwicklungsländer ist jedoch umstritten.

- Zum Beispiel liegt die Geburtenrate in vielen Entwicklungsländern viel höher über der Sterberate als z. B. in agrarischen Gesellschaften Europas (Phase 1). Durch die Entwicklungen in der Medizin sinkt die Sterberate einiger Entwicklungs- und Schwellenländer sehr schnell.

- Auch die Einflussfaktoren haben eine große Bedeutung auf das generative Verhalten, diese sind jedoch andere als in den Industrieländern (z. B. Heiratsalter, Ausbildungsstand, traditionelle Überzeugungen, Bedeutung der Ehe, Rollenverständnis beider Geschlechter).

MODELL DES DEMOGRAFISCHEN ÜBERGANGS

→ Prägen Sie sich das Modell sowie seine Phasen genau ein.

→ Testen Sie sich selbst, indem Sie etwa versuchen, die Entwicklung einer beliebigen Phase zu begründen.

→ Eine mögliche Aufgabe könnte es auch sein, ein Land, dessen Entwicklungsstand Sie bereits analysiert haben, innerhalb des Modells begründet einzuordnen.

→ Prägen Sie sich Argumente für bzw. gegen die Übertragbarkeit des Modells auf Entwicklungs- und Schwellenländer ein.

- Unter Umständen kann sich aus einer veränderten Altersstruktur zumindest mittelfristig ein wirtschaftlicher Nutzen für Entwicklungsländer ergeben, wenn die **demografische Dividende** eintritt. In dieser Zeitspanne übertrifft die Anzahl der Erwachsenen die Bevölkerungsteile, die nicht arbeitsfähig sind (Kinder, Senioren). Somit überwiegen Einwohner, die erwerbsfähig sind, Steuern bezahlen, die Binnennachfrage fördern und insgesamt die Wirtschaft ankurbeln können.

- Für Deutschland und weitere Industrieländer bedeutet der demografische Wandel, dass die Anzahl der Einwohner abnimmt und der Anteil an Älteren zunimmt. Die **Alterung** in Deutschland hat, wenngleich sie von Einflussfaktoren und Migration abhängig und je nach Gemeinde und Stadt unterschiedlich ausgeprägt sein kann, weitreichende Konsequenzen, denen sich beispielsweise politische Entscheidungsträger stellen müssen. Die abnehmende Anzahl der Kinder, Jugendlichen und jungen Erwachsenen hat beispielsweise massiven Einfluss auf die Bereiche Schule, Weiterbildung und den Arbeitsmarkt insgesamt (z. B. Schließung von Schulen, Fachkräftemangel, nicht besetzte Ausbildungsstellen).

- Die Personen im erwerbsfähigen Alter stellen die Grundlage für den **Generationenvertrag** und das Rentensystem der Bundesrepublik dar, doch eine kleine jüngere Generation kann schwerlich eine wachsende, immer älter werdende Seniorengeneration versorgen.

Die Versorgung der alternden deutschen Gesellschaft selbst ist eine Herausforderung in Fragen der medizinischen Versorgung und Pflege sowie des Wohnens und in Fragen der Mobilität im Alter (z.B. seniorengerechte Wohnungen mit Aufzug, Pflegepersonal).

- Demografische Alterung darf nicht nur als Belastung verstanden werden (etwa verfügen Ältere über einen großen Erfahrungsschatz sowie über viel Know-how), bestimmte Branchen profitieren von gesellschaftlichen Veränderungen, andere Sektoren stellen sich verstärkt auf die Nachfrageänderungen durch den demografischen Wandel ein.

- In Japan wurde der Begriff **Silbermarkt** geprägt (aufgrund der silbergrauen Haare von Senioren) für das veränderte Konsumverhalten älterer Generationen (etwa seniorengerechte Elektronikartikel).

Migration

ZENTRALE BEGRIFFE – MIGRATION 1

→ **Emigration:** Bezeichnung für die Auswanderung aus seinem Heimatland, im Gegensatz zu der

→ **Immigration:** Bezeichnung für die Einwanderung in ein Zielland

→ **Binnenwanderung:** Migranten überschreiten keine Staatsgrenze (etwa im Rahmen einer **Land-Stadt-Wanderung**).

→ **Landflucht:** Verlassen von ländlichen Regionen (in der Regel verbunden mit dem Zuzug in städtische Räume), Form der Binnenwanderung, vorwiegend freiwillig

→ **Wanderungssaldo:** Verhältnis von Zu- und Abwanderung eines Landes z.B. innerhalb eines Jahres (mit positivem oder negativem Vorzeichen).

→ **Wirtschaftsflüchtling:** Bezeichnung für Menschen aus einem sehr armen Herkunftsland, die sich oft in Industrieländern bessere Arbeitsbedingungen und höhere Löhne erhoffen

→ **Umweltflüchtling:** Bezeichnung für Menschen, die aufgrund von Umweltzerstörung oder einer Naturkatastrophe dazu gezwungen sind, ihre Heimat zu verlassen

ZENTRALE BEGRIFFE – MIGRATION 2

→ Steht die Flucht im Zusammenhang mit dem Klimawandel, spricht man von der Gruppe der **Klimaflüchtlingen**.

→ **UNHCR:** Organisation der UN, die zum Schutz von Flüchtlingen gegründet wurde (*United Nations High Commissioner for Refugees*).

→ **Vertreibung:** Menschen werden etwa aufgrund ihrer Religion, Ethnie, politischen Überzeugung vom Staat dazu gezwungen, ihr Heimatland zu verlassen.

→ **Asyl:** Menschen suchen als Asylbewerber Schutz und Aufnahme in einem anderen Land.

→ **Aussiedler:** Angehörige deutscher Minderheiten, die nach Deutschland einreisen und zuvor seit Generationen in Asien, Osteuropa oder Mitteleuropa gelebt haben (nach 1990 werden diese deutschstämmigen Gruppen als **Spätaussiedler** bezeichnet).

Die Welt ist in Bewegung, das 21. Jahrhundert ist von Migration stark geprägt. Räumliche Mobilität selbst ist ein altes Phänomenen, das die Menschheitsgeschichte in allen Phasen mitbestimmt hat. Auch die deutsche Geschichte ist durch Migration geprägt, etwa durch große Auswanderungswellen nach Nordamerika im 19. Jahrhundert.

🖉 Migration hat einen großen Einfluss auf die Bevölkerungsentwicklung und die demografische Situation eines Landes. Sie ist definiert als permanente oder temporäre Verlegung des Lebensmittelpunkts **(räumliche Mobilität)**.

🖉 **Soziale Mobilität** bezieht sich nicht auf den Wechsel des Raumes sondern auf gesellschaftliche Veränderungen:

→ **Vertikale Mobilität:** Veränderung des sozialen Status z.B. durch beruflichen Aufstieg.

→ **Horizontale Mobilität:** Beibehaltung des sozialen Status, Wechsel der gesellschaftlichen Gruppe z.B. durch berufliche Veränderung.

🖉 Der Begriff Migration selbst wird differenziert hinsichtlich der Frage, inwieweit diese freiwillig passiert oder eine Flucht darstellt.

🖉 Als Form der freiwilligen Migration gilt die **Arbeitskräftemigration**, die aus wirtschaftlichen Motiven heraus, oft über größere Entfernungen hinweg unternommen wird. Die Dauer des Aufenthalts variiert zwischen einem ganzen Arbeitsleben oder einigen Jahren.

- Kürzere Distanzen sind typisch für Migranten, die z.B. kriegsbedingt ihre Heimat verlassen (müssen). Ein Großteil der **Flüchtlinge** hält sich für einige Zeit in Nachbarländern (grenzüberschreitende Flucht) oder anderen Regionen ihres Heimatlandes auf (**Binnenflucht**).

- Vereinfacht dargestellt sind es **Push-Faktoren** (im Modell nach Lee mit Minus-Zeichen dargestellt), die einen Menschen dazu bewegen können, seine Heimat zu verlassen. Zu den Push-Faktoren zählen etwa hoher Bevölkerungsdruck, politische Instabilität, Verfolgung, fehlende Beschäftigungsmöglichkeiten.

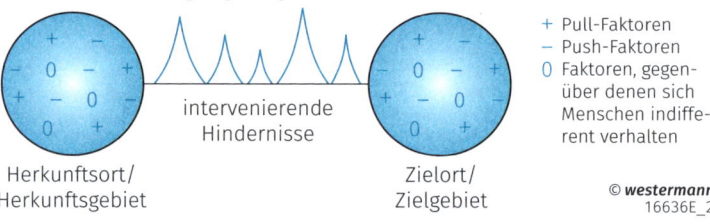

+ Pull-Faktoren
− Push-Faktoren
0 Faktoren, gegenüber denen sich Menschen indifferent verhalten

intervenierende Hindernisse

Herkunftsort/ Herkunftsgebiet

Zielort/ Zielgebiet

© **westermann**
16636E_2

Pull-Faktoren auf der anderen Seite ziehen einen Menschen an, im Zielland könnten das z.B. politische Sicherheit, Aussicht auf existenzsichernde Arbeit, persönliche Freiheit, wirtschaftliche Blüte sein.

- Es muss nicht das Zielgebiet selbst sein, welches die entscheidenden Pull-Faktoren hervorruft, es kann sich auch um Tätigkeiten von Schleuserbanden, um gezielte Anwerbung handeln. Verwandte, die bereits im Zielgebiet leben, können dazu motivieren, in das Zielgebiet zu migrieren. Diese Pull-Faktoren werden im **Push-Pull-Modell** mit Plus-Zeichen gekennzeichnet.

- Darüber hinaus stehen dem Migrationsstrom im Modell und in der Realität gewisse Hindernisse gegenüber wie etwa die Kosten der Migration, gesetzliche Vorgaben.

Migration und das Verlassen seines Heimatlandes oder seiner gewohnten Umgebung ist für jeden Menschen ein bedeutender Schritt. Weltweite Migrationsströme haben sowohl für das Herkunftsland als auch für das Zielland große Auswirkungen.

- Wandern vor allem junge, gut ausgebildete Arbeitskräfte ab, spricht man von *braindrain*. Diese Abwanderung stellt für das Herkunftsland einen schwerwiegenden Verlust dar, denn gerade Fachkräfte können mit ihrer Erwerbstätigkeit und Innovationskraft Entwicklungen in ihrem Heimatland voranbringen. Kehren Fachkräfte nach einiger Zeit, die sie im Ausland verbrachten, wieder zurück, kann die Arbeitsmigration wiederum positive Aspekte für das Herkunftsland bedeuten, wenn etwa Zusatzqualifikationen erworben wurden.

- Zielländer dagegen profitieren von der Zuwanderung qualifizierter Migranten (**braingain**) und werben diese teilweise gezielt an.
  - → Offene Stellen in der Wirtschaft oder im medizinischen Bereich, für die sich lange Zeit keine Bewerber finden konnten, können so besetzt werden.

- Familien, die sich weiterhin im Heimatland aufhalten, werden häufig finanziell durch ein im Ausland arbeitendes Familienmitglied unterstützt.
  - → Die sogenannten **Rücküberweisungen** erreichen weltweit große Dimensionen und stellen als stabile Kapitalzuflüsse einen bedeutenden Anteil am BIP einiger Länder dar.
  - → Die Zahlungen sind für viele arme Familien eine wichtige finanzielle Stütze und können unter Umständen zu einer Verbesserung des Lebensstandards führen (etwa durch Zugang zu Bildung oder medizinischer Versorgung).
  - → Andere sehen in Rücküberweisungen vor allem die intensivierte Abhängigkeit einiger Entwicklungsländer von Industrieländern.

Europa ist ein wichtiges Zielgebiet weltweiter Migration, die Migrationsgeschichten sowie die Ziele der Einwanderungspolitik variieren je nach europäischem Staat stark.

- Grundsätzlich prägen vergangene Prozesse die gegenwärtigen Migrationsrichtungen in Teilen Europas, etwa:

1	Zuwanderung aus ehemaligen Kolonien in Teilen Westeuropas (z. B. in Frankreich)
2	Nachkommen (mittlerweile in dritter Generation) der angeworbenen „Gastarbeiter" der 1960er/1970er-Jahre in Mitteleuropa (z. B. in Deutschland)
3	im Gegenzug große Wanderungsverluste durch die Abwerbung in Südeuropa (z. B. Griechenland)
4	Einwanderung in mittel- und osteuropäische Staaten nach Beitritt in die EU (z. B. aus der Ukraine nach Polen)

- Gerade Staaten an den EU-Außengrenzen sehen sich in Zeiten weltweiter politischer Krisen mit dem Problem der **irregulären Einwanderung** (ohne gültige Einreisedokumente) konfrontiert.

- Gefährliche Flüchtlingsrouten (etwa über das Mittelmeer, **boat people**) sowie hohe Zahlen an Geflüchteten auf der einen Seite und eine uneinheitliche Migrationspolitik der EU-Staaten auf der anderen Seite stellen alle Beteiligten vor große Herausforderungen in den Bereichen Grenzsicherung („Festung Europa"), organisatorischer Fragen wie Registrierung und Unterbringung von Flüchtlingen, Schutz von Flüchtlingen, Integration, Rückführung und Prävention.

MIGRATIONSSTRÖME AUSWERTEN

→ Karten, die weltweite Migrationsströme darstellen, sind oft unübersichtlich und überfrachtet.

→ Konzentrieren Sie sich bei der Beschreibung daher auf bestimmte Regionen mit starken Migrationsströmen oder auf Zielgebiete mit hoher Aufnahme von Migranten.

→ Wichtige Zielgebiete mit hoher Aufnahme von Migranten sind beispielsweise die Golfstaaten, Japan, USA, Teile Europas, Australien.

→ Sie können auch von den wichtigsten Abwanderungsgebieten ausgehen und dann die Hauptrichtungen von Migration beschreiben.

→ Wichtige Migrationsströme verlaufen etwa zwischen vielen asiatischen Ländern in die USA/Kanada, hier ist zum Beispiel die internationale Wanderung zwischen Indien und den USA sowie zwischen Mexiko und den USA hervorzuheben.

→ Im Fall von Flucht und Vertreibung berücksichtigen Sie bitte besonders die jeweiligen Nachbarländer, die häufig einen Großteil der Geflüchteten aufnehmen.

→ Beispiele hierfür sind internationale Flüchtlingsbewegungen zwischen Syrien und den Nachbarländern Türkei, Irak, Jordanien sowie zwischen Eritrea und den afrikanischen Nachbarländern Äthiopien und Sudan.

→ Versuchen Sie, in der Auswertung etwa zwischen Wirtschaftsmigration und Umweltmigration zu unterscheiden und verwenden Sie Fachbegriffe.

→ Die Binnenwanderung innerhalb von Staaten kann ebenfalls stark ausgeprägt sein. In Russland beispielsweise dominiert eine klare Ost-West-Wanderung, in China ist die West-Ost-Wanderung ausgeprägter mit dem Ziel der großen Küstenstädte am Pazifik.

→ Verfolgen Sie die aktuelle Berichterstattung zum Thema.

MIGRATION IN DEUTSCHLAND

- Aus Deutschland wandern jedes Jahr Tausende aus, für eine größere Anzahl Personen ist Deutschland jedoch ein **Einwanderungsland**.
- Eine Zeit massiver Zuwanderung waren vor allem die Jahre unmittelbar nach dem Zweiten Weltkrieg (Zuzug Millionen **Vertriebener**).
- In den 1950er/1960er-Jahren warb die Bundesrepublik gezielt Arbeitskräfte aus dem Ausland an, weil das vorhandene Arbeitskräftepotenzial im Zuge des Wirtschaftsbooms nicht mehr ausreichte.
- Nach dem sogenannten Anwerbestopp im Jahr 1973 verblieb ein Teil der „Gastarbeiter" in Deutschland.
- In der DDR fehlte es ebenfalls an Arbeitskräften, sodass sogenannte „Vertragsarbeiter" angeworben wurden, ein Großteil von ihnen verließ Deutschland nach 1990 wieder.
- Als Einwanderungsland profitiert die Bundesrepublik durch eine starke Nachfrage und von zugewanderten Qualifizierten.
- Das Ausmaß an Zuwanderung kann die demografische Alterung Deutschlands nicht stoppen, die Bevölkerungszahl kann jedoch stabilisiert werden.
- Stark ausgeprägt ist in Deutschland die **innerdeutsche Migration** innerhalb der Staatsgrenzen, die als Wohnsitzwechsel über eine Gemeindegrenze hinweg definiert ist (bis zu 4 Millionen pro Jahr).
- Nach der Wiedervereinigung war die Binnenwanderung in Deutschland mit einfachen Angaben zur Himmelsrichtung angemessen wiederzugeben: So gab es klare Nord-Süd- bzw. Ost-West-Wanderungen mit Wanderungsgewinnen in den Bundesländern Hamburg, Bayern und Rheinland-Pfalz. Massiv an Bevölkerung verloren haben z. B. Sachsen-Anhalt, Mecklenburg-Vorpommern und Thüringen.
- Gegenwärtig ist die **Wanderungsbilanz** zwischen Ost- und Westdeutschland nahezu ausgeglichen.
- Wanderungsverluste müssen vor allem die Bundesländer Saarland, Thüringen und Sachsen-Anhalt hinnehmen.
- Gewinner – bezogen auf das Binnenwanderungssaldo – sind in den letzten Jahren Bundesländer wie Schleswig-Holstein und Brandenburg, die als Umland von Großstädten (Hamburg, Berlin) an Einwohnern gewonnen haben (z.B. durch Stadtflucht junger Familien).
- Motive für innerdeutsche Migration sind neben persönlichen Motiven (Partner, Familie) die Suche nach Arbeit, Ausbildung oder Aufstiegschancen.

- Daher gehören **strukturschwache Regionen** und Räume peripherer Lage, die über wenig Infrastruktur verfügen, oft zu den Verlierern der Binnenmigration.
- Der Verlust an Einwohnern trifft diese Regionen gleich zweifach, da mit den oftmals jungen Personen auch das Potenzial der nächsten Generation wegzieht.
- Grundsätzlich sind jüngere Personen und Frauen mobiler.
- Eine weitere Altersgruppe, die stark zu der innerdeutschen Migration beiträgt, ist die Gruppe der Ruheständler. Je nach finanziellen Möglichkeiten ziehen Menschen dann von ihrem Wohnort um in landschaftlich attraktive Räume Deutschlands.

DEMOGRAFIE   Checkliste

Überprüfen Sie ihre Kenntnisse zu folgenden Bereichen:

→ Begriffe und Definitionen (Geburtenrate, Sterberate, Zuwachsrate, Fertilität, TFR, Ersatzniveau, Altersstruktureffekt)
→ Möglichkeiten der statistischen Erfassung demografischer Daten
→ Demografische Spaltung
→ Ursachen und Folgen von Bevölkerungswachstum
→ Fragen der Tragfähigkeit (Club of Rome)
→ Grundformen der Bevölkerungsdiagramme
→ Bevölkerungsdiagramme auswerten
→ Einflussfaktoren auf das generative Verhalten
→ Modell des Demografischen Übergangs sowie seine einzelnen Phasen
→ Demografische Dividende
→ Alterung
→ Folgen der Alterung für Deutschland
→ Silbermarkt
→ Unterscheidung zwischen räumlicher und sozialer Mobilität
→ Push-Pull-Modell
→ Begriffe Emigration und Immigration, Migration, Flucht, Wanderungssaldo, Asyl, Binnenwanderung, Vertreibung, Aussiedler, Umwelt-, Klima- und Wirtschaftsflüchtling
→ Braindrain und braingain
→ Bedeutung der Rücküberweisungen
→ Migration in Europa und Deutschland
→ Trends der innerdeutschen Migration erläutern

WIRTSCHAFTS- GEOGRAFIE

Standortfaktoren

Wirtschaftliche Entwicklungen sind für einen geografischen Raum stets von Belang, ebenso wie der Standort innerhalb eines Raumes für ein Unternehmen von Bedeutung sein kann. Ganze Regionen durchleben durch wirtschaftspolitische Veränderungen einen grundlegenden Wandel.

- **Standortfaktoren** bestimmen im Wesentlichen, wo Unternehmen einen Standort gründen oder schließen. Mögliche Standorte auf nationaler oder internationaler Ebene werden miteinander verglichen, um den optimalen Produktionsort eines Industriebetriebs zu ermitteln.

- Unterschieden wird dabei nach **harten** (messbare Größen, die die Wirtschaftlichkeit eines Unternehmens direkt beeinflussen) und **weichen Standortfaktoren** (nicht messbar, indirekter Effekt auf Firmen).

Harte Standortfaktoren	Weiche Standortfaktoren	
Grundstückspreise in der betreffenden Gemeinde	unternehmens-orientierte Faktoren	Image eines Wirtschaftsstandorts, Wirtschaftsförderung in der Kommune
Flächenverfügbarkeit von Baugrundstücken bzw. Verfügbarkeit von Gebäuden, die angemietet werden können		
Möglichkeiten der Expansion	personen-bezogene Faktoren	Qualität und Quantität der Wohnmöglichkeiten für Angestellte, Freizeitwert der Region (attraktive Landschaft, Erholungsgebiete, Kulturangebot), Schul- und Bildungsmöglichkeiten für die Familien der Angestellten
Höhe der Lohnkosten für Angestellte, Verfügbarkeit von qualifizierten Angestellten		
Höhe der Kosten für Energie, Wasser etc.		
Höhe der Steuerlast für Unternehmen (z. B. durch Gewerbesteuer)		
Auflagen vor Ort (Umweltauflagen, Bauauflagen, Vorgaben bezüglich Lärmbelästigung, Verkehrsaufkommen)		

- Eine strikte Trennung harter und weicher Standortfaktoren ist kaum möglich, da beide Kategorien sich gegenseitig bedingen und beeinflussen, so investieren große Unternehmen etwa in betriebseigene Kinderbetreuung oder in kulturelle Angebote einer Stadt, um Fachkräfte gezielt anzuwerben.

- Die Gewichtung der Standortfaktoren variiert je nach Unternehmensbranche stark. Während die Nähe zum Standort konkurrierender Unternehmen derselben Branche vermieden werden kann, suchen andere Firmen gezielt nach dieser räumlichen Nähe und nutzen damit **Agglomerationsvorteile** aus.

- Diese Vorteile ergeben sich etwa aus dem gemeinsamen Einkauf mehrerer Firmen oder der räumlichen Nähe zu Forschungseinrichtungen.

Bereits Anfang des 20. Jahrhunderts machte sich **Alfred Weber** (1868–1958) Gedanken um den optimalen Standort für Unternehmen.

→ In sein Modell flossen neben den Aspekten Agglomerationsvorteile und Arbeitskosten vor allem die Faktoren der Verfügbarkeit von Rohstoffen und die Transportkosten ein.

→ Ziel der Überlegungen Webers war es, den **Transportkostenminimalpunkt** zu finden. Die Höhe der Transportkosten wiederum hing ab von der Frage, ob es sich um Reingewichtsmaterialien oder um Gewichtsverlustmaterialien handelt. Letztere verlieren durch ihre Verarbeitung an Gewicht oder Volumen.

→ Bei den Rohstoffen, die für die Produktion benötigt werden, unterschied Weber zwischen Ubiquitäten, die überall vorkommen (z. B. Wasser) und **lokalisierten Rohstoffen**.

- In der Entstehungszeit des Modells sowie in einigen wenigen rohstoffbasierten Wirtschaftsbranchen spielen die Transportkosten eine große Rolle, im Zuge von globalen Logistikkonzepten sind die Transportkosten im 21. Jahrhundert jedoch in der Regel nicht mehr entscheidend für die Standortwahl.

- Teile eines Produkts können an weltweit unterschiedlichen Standorten vorgefertigt und anschließend an einem Ort montiert werden, hierbei sind Transportkosten nahezu unrelevant *(footloose industry)*.
- Andere Theorien gehen mittlerweile davon aus, dass gerade Dienstleistungsunternehmen auf Fachkräfte und **Innovationen** angewiesen sind, diese könnten nur durch offene und tolerante Umgebungen entstehen.

STANDORTFAKTOREN ANALYSIEREN

→ Bei einer Aufgabenstellung, die die Analyse von Standortfaktoren verlangt, sollten Sie gezielt auf die Wirtschaftsbranche achten sowie stets harte und weiche Faktoren benennen.

→ Stellen Sie – je nach Unternehmensbranche – einen Bezug her zu vorhandenen Ressourcen in der Region.

→ Achten Sie auch auf die nähere Umgebung des möglichen Standorts (Landschaftsbild, Lage, Infrastruktur, Entfernung zu einer Universität) und geben Auffälligkeiten an.

→ Nutzen Sie Wirtschaftskarten im Atlas, um etwa Standorte anderer Unternehmen derselben Branche ausfindig zu machen.

→ Vermeiden Sie möglichst Pauschalisierungen in Bezug auf Lagebeziehungen zwischen Stadt – Land oder Ost – West o.ä.

→ Testen Sie sich selbst, indem Sie überlegen, inwieweit sich ein Unternehmensstandort auch heute noch auf das Modell von Weber beziehen lässt.

- Sind Standorte einmal gefunden, können diese lange fortbestehen oder geändert werden. Mögliche Ursachen für **Standortwechsel** bzw. **Persistenz** sind etwa:

Wechsel	Persistenz
gravierende Veränderungen der Bedingungen des Standorts	lange Tradition am Standort, Verbundenheit mit der Region
unzureichende Infrastruktur	Image des Standorts
hohe Lohnkosten für Angestellte (Abwanderung in Billiglohnländer)	Gebundenheit an vor Ort verfügbare Ressourcen
fehlende Expansionsflächen	Nutzen von Agglomerationsvorteilen
Nähe zum Absatzmarkt herstellen	vernetzte Zusammenarbeit zwischen Universität, Unternehmen, Zulieferern **(Wirtschaftscluster)**

<ul>
<li>Standortverlagerungen können auch mithilfe des **Produktlebenszyklus** begründet werden. Ausgehend von der Annahme, dass jeder Artikel von seiner Entwicklung in eine Wachstums- und Reifephase bis hin zu einer Schrumpfungsphase übergeht, kann der Produktionsstandort mehrfach im Leben eines Produkts verändert werden.</li>
</ul>

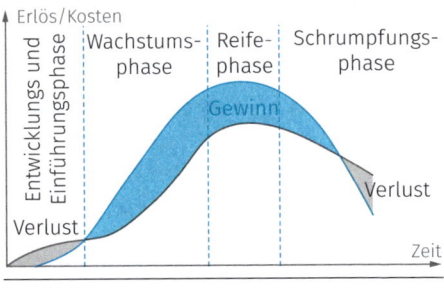

Produktionslebenszyklus

→ Das Modell beruht auf der Vorstellung, dass gerade in der Entwicklungsphase viel Know-how und Innovationskraft benötigt wird. Die Geburtsstunde eines neuen Produkts erfordert daher großen Einsatz von Fachkräften und findet in der Regel in städtischen Räumen statt. Befindet sich das Produkt erst einmal in der Wachstumsphase, kann dieses in großen Stückzahlen hergestellt werden, sodass in dieser Phase des Zyklus ein Standortwechsel der Produktion möglich ist.

<ul>
<li>Ziel des Standortwechsels können bei flächenintensiver **Massenproduktion** Länder mit niedrigeren Lohnkosten oder periphere Regionen mit freien Expansionsflächen sein. Der Sitz des Unternehmens sowie weitere Abteilungen (Forschung, Entwicklung, Verwaltung, Vertrieb) können dennoch am alten Standort festhalten, um in der Reife- und Schrumpfungsphase nach den nächsten Innovationen zu forschen.</li>
</ul>

<ul>
<li>**Nikolai Kondratjew** (1892–1938) ging in seinem **Modell der Langen Wellen** davon aus, dass die Entwicklung von Innovationen die Weltwirtschaft maßgeblich beeinflusst und die Konzentration bestimmter Branchen mitbestimmt.</li>
</ul>

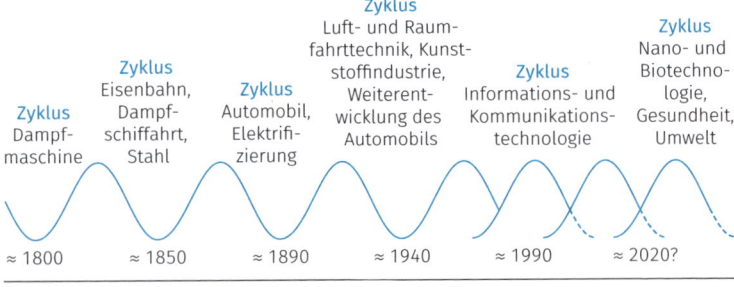

Kondratjew-Zyklen

→ Die jeweiligen Wellen sind wiederum untergliedert (Aufschwung, Abschwung, Depression) und dauern aufgrund ihrer **Basisinnovation** mehrere Jahrzehnte an.

→ Die letzten Wellen sind im Gegensatz zu früheren Kondradjew-Wellen verkürzt, da die Zeitspannen der folgenden Basisinnovation nur noch wenige Jahrzehnte andauern – bevor eine wirtschaftliche Depression erfolgt, gibt es laut Modell wieder eine neue Schlüsselinnovation.

→ Das Modell geht von einer wachsenden Wirtschaftsleistung aus, die sich in jeder Welle in verschiedenen Regionen niederschlägt.

Wirtschaftlicher Strukturwandel

Wirtschaftliche Tätigkeiten werden nach verschiedenen Sektoren untergliedert:

1	**Primärer Wirtschaftssektor**: Abbau bzw. Anbau von Rohstoffen, die weiterverarbeitet werden können. Hierzu gehören die Land- und Forstwirtschaft, Fischerei, Bergbau.
2	**Sekundärer Wirtschaftssektor**: Weiterverarbeitung von Rohstoffen, produzierendes Gewerbe. Hierzu gehört die Industrie sowie Betriebe der Wasserversorgung und des Handwerks.
3	**Tertiärer Wirtschaftssektor**: Alle Arten von Dienstleistungen z. B. durch den Handel, Gastgewerbe, Verwaltung.

• In einigen Statistiken taucht der **quartäre Sektor** auf, der sich durch Tätigkeiten auszeichnet, für welche spezielle Kenntnisse erwartet werden, etwa in den Bereichen Forschung und Lehre, Entwicklung und Beratung.

• Viele Staaten zählen diese Wirtschaftsbereiche weiterhin zu dem Dienstleistungssektor.

• Statistisch nicht aufgeführt sind grundsätzlich nicht entlohnte Beschäftigungen wie private Kinderbetreuung, Hausarbeit, ehrenamtliche Arbeiten.

• Nicht als Teil des BIP zählen ebenso Dienstleistungen des **informellen Sektors**.

Das Modell von Fourastié

Nach dem Modell von **Jean Fourastié** (1907–1990) vollzieht sich innerhalb einer langen Zeitspanne ein Wirtschaftswandel zwischen dem primären, sekundären und tertiären Wirtschaftssektor.

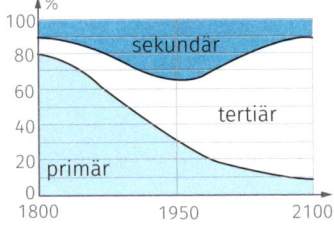

- In der vor-/frühindustriellen Phase arbeitet ein Großteil der Beschäftigten eines Landes im primären Sektor, vor allem, um sich selbst bzw. die Bevölkerung des Staates zu ernähren.

- Durch die Zeit der **Industrialisierung** entstehen in Industriebetrieben städtischer Räume viele Arbeitsplätze, in der Landwirtschaft treten zeitgleich erste Mechanisierungsprozesse auf, sodass ein Wandel passiert: Ein Großteil der Angestellten arbeitet im sekundären Sektor.

- In der postindustriellen Phase bestehen die meisten Arbeitsplätze im tertiären Sektor. Dienstleistungen werden von einem Großteil der Menschen nachgefragt und in der Industrie werden durch automatisierte Abläufe Arbeitsplätze eingespart.

- So wandelt sich eine ehemalige **Agrargesellschaft** zu einer **Industrie-** und später zu einer modernen **Dienstleistungsgesellschaft (sektoraler Strukturwandel)**.

- Fourastié ging in seinem Modell davon aus, dass die Beschäftigten, die ehemals in der Industrie tätig waren, im tertiären Sektor eine Beschäftigung finden können.

- In der Realität ist es jedoch durchaus ein schwieriger Weg, einen solchen Arbeitsplatzwechsel ohne Hindernisse umzusetzen.

- Zudem zeigt sich im 21. Jahrhundert, dass es auch im Dienstleistungssektor Rationalisierungen und Automatisierungen geben kann (z. B. Selbstbedienung in Bäckereien, computergesteuerter Ticket-Verkauf, Kunden scannen Artikel an der Kasse selbst).

- Neben dem sektoralen Strukturwandel gibt es den **funktionalen Strukturwandel**, welcher den Wandel innerhalb eines Wirtschaftssektors beschreibt.

- Tätigkeiten innerhalb des produzierenden Gewerbes zählen zum sekundären Sektor, wenngleich diese in der Praxis überwiegend Arbeiten im Dienstleistungsbereich sein können.

Strukturwandel im Ruhrgebiet

Einst landwirtschaftlich geprägt, wandelte sich das Ruhrgebiet (z. B. die Städte Dortmund, Essen, Bochum, Duisburg, Gelsenkirchen) in Nordrhein-Westfalen zu einem der wichtigsten **Industrieräume** Deutschlands und durchlebte einen tiefgreifenden Strukturwandel.

* Die Industrialisierung sowie die Roheisengewinnung auf der Basis von Steinkohle setzte im Ruhrgebiet erst spät ein (etwa 100 Jahre vorher wurde dies bereits in Oberschlesien (heutiges Polen) oder England praktiziert).

* Die Voraussetzungen im Ruhrgebiet waren ideal, Wasserstraßen sowie eine Eisenbahnverbindung schufen logistische Voraussetzungen, der Abbau von Kohle konnte im Südosten der Region zunächst nah an der Oberfläche stattfinden. Mit der **Nordwanderung des Bergbaus** war Abbau unter Tage nötig, die technischen Voraussetzungen hierfür (Einsatz der Dampfmaschine, Bau von Stollen) waren vorhanden.

* Die Zusammenarbeit zwischen Steinkohleabbau, Eisen- und Stahlindustrie sowie der chemischen Industrie florierte, unterschiedliche **Kohlearten** wurden für verschiedene Industriebereiche verwendet.

* Die hohe Nachfrage nach Kohle auf der einen und Eisen und Stahl auf der anderen Seite machte das Ruhrgebiet zu einem städtischen Ballungsraum von Industrien und Menschen und einem wichtigen Träger der deutschen Wirtschaft. Damit gilt die Entwicklung des Ruhrgebiets als exemplarisches Beispiel für eine **altindustrielle Region**.

TYPISCHE MERKMALE ALTINDUSTRIELLER REGIONEN

* sehr einseitige wirtschaftliche Ausrichtung einer ganzen Region (große Gefahr der Abhängigkeit)
* Wirtschaft ist dominiert durch Großbetriebe.
* hohe Dichte an Unternehmen und Angestellten innerhalb der Region
* häufig fehlende Innovationsfähigkeit
* Probleme treten bei Marktsättigung oder massiver Konkurrenz auf
* Schwierigkeiten des Wandels aufgrund der monostrukturiert ausgerichteten Wirtschaft (z. B. Anstieg der Arbeitslosigkeit, Abwanderungstendenzen, Bedeutungsverlust, Imageverlust der Region)
* Beispiele: Ruhrgebiet, Saarland, West-Midlands (England)

* Ab 1957 geriet der Steinkohleabbau in eine tiefe Krise, die einen strukturellen Wandel auslöste, der eine ganze Region betraf. Sinkende Nachfrage, massive Konkurrenz durch weltweite Anbieter von Steinkohle sowie durch andere Rohstoffe wie Öl und Gas machten den Zechen zu schaffen (**Kohlekrise**). Zusammenschlüsse von Bergbaugesellschaften, Rationalisierungen und Schließungen konnten den Strukturwandel nicht verhindern.

* Auch die Stahlindustrie steckte ab den 1970er-Jahren in der Krise, weil Überkapazitäten und internationale Konkurrenz die Preise für Stahl drastisch fallen ließen.

* Kohle- und **Stahlkrise** leiteten in die Phase der **Deindustrialisierung** ein, in welcher Industriebetriebe und Zechen geschlossen und Werke zusammengelegt wurden. Durch die Deindustrialisierung mussten Gemeinden und Großstädte auf Steuereinnahmen verzichten, Angestellte wurden entlassen. Der Strukturwandel hat damit die gesamte gewachsene Wirtschaftsstruktur innerhalb weniger Jahre massiv verändert.

* Es folgte die Phase der **Reindustrialisierung** mit der Ansiedlung anderer Industriebranchen, auch große Stahlkonzerne versuchten in den 1970er-Jahren, sich wirtschaftlich umzuorientieren.

* Trotz fehlender Innovationskultur, Altlasten, der Dominanz durch Großkonzerne und der bis in die 1960er-Jahre vorherrschenden **Bildungsblockade im Ruhrgebiet** (trotz hoher Einwohnerdichte verfügte das gesamte Ruhrgebiet über keine einzige Universität) gelang es, an vielen Stellen, neue wirtschaftliche Wege zu gehen.

STRUKTURWANDEL IN DER PRAXIS

* hohe Dichte an Forschungseinrichtungen (Universitäten, FH)
* Gründung von Technologieparks für mittelständische Unternehmen
* starke Vernetzung, sehr gut ausgebaute Infrastruktur
* Großprojekte wie das CentrO in Oberhausen (Einkaufscenter und diverse Freizeitaktivitäten auf einem ehemaligen Hüttengelände)
* Industriekultur (Ruhrgebiet als Tourismusmagnet) mit diversen Museen, Events, Konzerten und Industriedenkmälern
* Grüngürtel, Fahrradwege und Renaturierungen schaffen einen attraktiven Raum für Einheimische und Touristen
* Revitalisierung großflächiger ehemaliger Betriebsgelände (Mischnutzung durch Wohnen, Gewerbe, Grünflächen)

● Die wirtschaftlichen Umstrukturierungen im Zuge des Strukturwandels dauern lange an, viele altindustrielle Räume zählen trotz ihrer Fokussierung auf eine **Tertiärisierung** noch immer zu den **strukturschwachen** Regionen.

WIRTSCHAFTSWANDEL WELTWEIT

→ Prägen Sie sich die Phasen des Strukturwandels ein.

→ Beachten Sie, dass es einen wirtschaftlichen Wandel in vielen Regionen gibt, Beispiele gibt es für **Montanregionen** sowie für Standorte der Textilindustrie oder Industriehäfen.

→ Die angegebenen Zeiträume gelten für den Strukturwandel im Ruhrgebiet und können je nach Region variieren.

→ Bereiten Sie sich auf eine Beurteilungsaufgabe vor, indem Sie ein bereits realisiertes Projekt (z. B. Umnutzung einer ehemaligen Zeche beurteilen).

Wandel in der Industrie

Trotz Bedeutungsgewinn des Dienstleistungssektors spielt die Industrie in vielen Industrieländern immer noch eine große Rolle für eine diversifizierte Wirtschaftsstruktur. Sowohl die Standorte als auch die Art und Weise der industriellen Produktion haben sich stark verändert.

● Das nach **Henry Ford** benannte Produktionskonzept des **Fordismus** stellte zu seiner Zeit ein neues auf Massenproduktion und Fließbandarbeit ausgerichtetes Konzept dar *(economies of scale)*. Das Nachfolgekonzept (**Postfordismus**) hingegen verfolgte wirtschaftlichen Erfolg durch kleine Stückzahlen *(economies of scope)*.

Fordismus	Postfordismus
● Fließbandarbeit	● Fließbandarbeit sowie flexible Arbeitsschritte
● einfache Maschinen	● Fachkräfte
● viele Arbeitsschritte, die von vielen, häufig unqualifizierten Mitarbeitern ausgeführt werden	● wenige Arbeitsschritte innerhalb des Unternehmens, daher eine geringe Lagerhaltung
● viele Zulieferer	● wenige Zulieferer
● Lagerhaltung	● Produktion kleiner Serien, Warenherstellung kann schneller auf Änderungen (wie z. B. Kundenwünsche) reagieren
● Produktion einiger weniger Artikel als Massenware	
● Schaffung von Kostenvorteilen durch hohe Stückzahl	

⁕ Moderne Produktionskonzepte wie die **lean production** verfolgen eine produktive, qualitativ hochwertige Fabrikation von Waren. Um dabei weltweit konkurrenzfähig zu bleiben, werden Arbeitsschritte automatisiert sowie ausgelagert **(outsourcing)**.
So werden Einzelteile vormontiert angeliefert oder andere Unternehmen übernehmen Aufgaben der Logistik und Verwaltung.

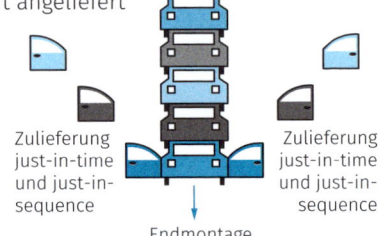

Zulieferung just-in-time und just-in-sequence

Zulieferung just-in-time und just-in-sequence

Endmontage

⁕ Um eine geringe **Fertigungs- tiefe** und **Lagerhaltung** zu erreichen, werden Einzelteile **just-in-time** und **just-in- sequence** zur Endmontage angeliefert – zur richtigen Zeit und in der richtigen Reihenfolge – damit spart sich das Unternehmen das Vorhalten einzelner Komponenten.

⁕ Fachkräfte arbeiten in der *lean production* in Teams zusammen, um Fehler aufzuspüren und Verbesserungen des Prozesses vorzunehmen. *Lean production* erfordert eine enge Kooperation zwischen Zuliefe- rern und Unternehmen, Fehllieferungen oder ausbleibende Lieferun- gen können aufgrund der geringen Lagerhaltung sehr schnell einen Stillstand der Produktion hervorrufen.

Tertiärisierung

⁕ Als **Tertiärisierung** wird der allmähliche Wandel, bedingt durch den sektoralen Strukturwandel, hin zu einer Dienstleistungsgesellschaft bezeichnet.

⁕ Die Nachfrage nach Dienstleistungen ist gestiegen, das hat z. B. mit der Alterung der Gesellschaft, Familienstrukturen, einem allgemein gestiegenen Wohlstand und veränderten Lebensweisen zu tun. Ein hohes Einkommen beider berufstätiger Ehepartner kann etwa bedeuten, dass Geld für haushaltsnahe Dienstleistungen oder im Freizeit- und Gastronomiebereich ausgegeben wird, auch im Bereich von Gesundheit und Pflege werden viele private **konsumorientierte Dienstleistungen** in Anspruch genommen.

⁕ Durch den Wandel der innerbetrieblichen Organisation werden viele Bereiche eines Unternehmens ausgelagert, das schafft gleichzeitig Arbeitsplätze in Dienstleistungsunternehmen für **unternehmens- orientierte Dienstleistungen**. Darunter fallen etwa Bereiche der Raumpflege, Logistik, Verwaltung, Service und Kommunikation.

- Generell unterscheidet man bei den Dienstleistungen zwischen **einfachen und wissensorientierten Dienstleistungen**.

- Während sich Anbieter von Textilpflege und Transport häufig im Innenstadtbereich sowie in Kundennähe ansiedeln, benötigen andere Dienstleister eine ausgebaute Infrastruktur (etwa Callcenter), um ihren Tätigkeiten nachzugehen.

- Wissensorientierte Dienstleistungen, etwa im IT-Bereich und in den Beratungs- und Versicherungsbranchen, finden sich oft in städtischen Ballungsräumen wieder und verstärken die bereits vorhandenen unterschiedlichen Raumstrukturen Deutschlands (z.B. München und Umgebung, Frankfurt am Main, Rhein-Main-Gebiet, Hamburg, Düsseldorf).

WIRTSCHAFTSGEOGRAFIE — Checkliste

Überprüfen Sie ihre Kenntnisse zu folgenden Bereichen:

→ Unterschied zwischen harten und weichen Standortvorteilen
→ Agglomerationsvorteile
→ Standorttheorie nach Weber
→ *footloose industry*
→ Gründe für Standortwechsel sowie Ursachen für Persistenz
→ Produktlebenszyklus
→ Theorie der Langen Wellen
→ Wirtschaftssektoren
→ quartärer Sektor
→ informeller Sektor
→ Wirtschaftswandel nach Fourastié
→ Unterscheidung zwischen sektoralem und funktionalem Strukturwandel
→ Strukturwandel im Ruhrgebiet
→ Merkmale altindustrieller Räume
→ Deindustrialisierung und Reindustrialisierung
→ Probleme des Strukturwandels
→ Fordismus und Postfordismus
→ *economies of scale und economies of scope*
→ *lean production, outsourcing, just-in-time, just-in-sequence*
→ Dienstleistungen unterscheiden können (einfache – wissensorientierte sowie konsumorientierte – unternehmensorientierte Dienstleistungen)
→ Tertiärisierung

TOURISMUS

Begrifflichkeiten

Was für die einen Urlaub, Ruhe und Entspannung oder die Suche nach einem Abenteuer bedeutet, ist für andere eine Belastung. Die Tourismusbranche zählt weltweit zu den wichtigsten Wirtschaftsbranchen und schafft viele direkte und indirekte Arbeitsplätze. Tourismus kann ein Instrument einer nationalen Entwicklungsstrategie werden. Gleichzeitig zeigen viele Beispiele, dass der Ausbau touristischer Infrastruktur ganze Städte, Regionen und Landschaften vor große Herausforderungen stellt.

- Sowohl **Urlaubs-** als auch **Geschäftsreisen** zählen zum Bereich Tourismus. Transitreisende oder Arbeitnehmer, die eine Zeit lang im Ausland arbeiten, werden international nicht als Touristen definiert.

- Neben internationalen Reisen über Ländergrenzen hinweg gibt es auch viele Inlandsreisende.

- Man unterscheidet grundsätzlich zwischen Massentourismus und Individualtourismus.

- Je nach Motiv einer Reise lassen sich folgende Haupttourismusarten unterscheiden:

AUSGEWÄHLTE TOURISMUSARTEN

- **Erholungstourismus:** je nach Saison etwa Badeurlaub, Tourismus in Mittelgebirgsregionen
- **Städteurlaub:** Besichtigung von Sehenswürdigkeiten, Erleben von städtischer Infrastruktur und Kultur, Einkaufen
- **Aktivurlaub:** naturnaher Urlaub mit viel Bewegung bzw. Sport
- **Eventtourismus:** Urlaub rund um einen Besuch einer großen Sport- oder Musikveranstaltung
- **Kur-/Wellnesstourismus:** Kuraufenthalt, Urlaub mit dem Fokus auf gesundheitsfördernde Aktivitäten
- **Kreuzfahrttourismus:** Reisen auf einem Schiff mit Tagesausflügen an Land
- **Studienreisen/Pilgertourismus:** Bildungsreisen, Exkursionen im Rahmen eines Studiums

* In der Praxis gibt es deutliche Überschneidungen hinsichtlich der **Tourismusarten,** so können Reisende Städte besichtigen, einen Konzertabend besuchen und gleichzeitig während ihres mehrtägigen Urlaubs einen Fokus auf aktiven Wanderurlaub legen.

* Kategorisierungen sind darüber hinaus durch die Jahreszeit des Reisens (Winterurlaub, Sommerurlaub), die Kosten einer Reise (z. B. Luxusreisen) sowie über die mitreisenden Personen (Familienurlaub, Gruppenreisen) möglich.

* Das Angebot an touristischen Zielen und Aktivitäten erscheint unbegrenzt – in dieser Vielfalt spiegelt der Tourismus gesellschaftliche Entwicklungen wider, etwa durch spezielle Angebote für Senioren (Alterung der Gesellschaft) und belastete Arbeitnehmer (Entspannung, Ruhe und Wellness).

* In der Regel ermöglichen Urlaubsregionen eine große Palette an Angeboten und Unternehmungen für Reisende, wenngleich bestimmte Regionen Profile ausgearbeitet haben und bestimmte **Zielgruppen** ansprechen möchten.

Abi Tipp

TOURISTISCHES POTENZIAL BESTIMMEN

* Das Bestimmen des touristischen Potenzials gehört zu den typischen Aufgaben in einer Klausur oder in einer mündlichen Prüfung.
* Achten Sie dabei besonders auf den Naturraum, viele Reisende entscheiden sich aufgrund der Landschaft für ein Reiseziel.
* Werten Sie auch Klimadiagramme hinsichtlich der Saisonalität eines Urlaubsorts aus.
* Vermeiden Sie möglichst pauschalisierende Aussagen hinsichtlich Urlaubsmotiv, Reiseziel und Altersgruppe.
* Bedenken Sie auch Fragen der Erreichbarkeit (Verkehrsinfrastruktur), der Vorbereitungszeit (v. a. bei Individualtourismus) sowie politischer-formaler Hürden (z. B. Visapflicht in einigen Staaten).
* Üben Sie Aufgaben dieser Art, indem Sie ein Land ihrer Wahl im Atlas auswählen und das Potenzial bestimmen.
* Beachten Sie, dass eine Region bzw. eine Insel verschiedene Angebote bereitstellen kann und nicht auf eine Form des Reisens festgelegt ist.

Das **touristische Potenzial** einer Urlaubsregion kann man anhand folgender Kategorien ermitteln:

1	**Naturräumliche Voraussetzungen:** Lage, Landschaft, Natur, Klimazone, Nähe zu Meer/See/Gebirge, mögliche Gefahr durch Naturereignisse
2	**Touristische Infrastruktur:** Verkehrsinfrastruktur (Straßen, Bahnverbindung, Flughafen, Hafen, Fährverbindungen), Beherbergungs- und Übernachtungsmöglichkeiten (Campingplatz, Pension, Ferienwohnung, Hotel), kulturelle und/oder sportliche Angebote vor Ort (z. B. attraktive Städte, Museen, Kirchen, Wanderwege, Angebote des Wassersports, Radwege, Skilift) oder Möglichkeiten eines Ausflugs in die nähere Umgebung, Gastronomie und Versorgung
3	**Organisatorische Fragen**: Entfernung zum Heimatort, Kosten, mögliche Zielgruppen (etwa Familientauglichkeit), Einreisemodalitäten, Währung vor Ort, Risikofaktoren (politische Instabilität, Naturgefahren), Sicherheitsfragen, Eignung für bestimmte Tourismusformen und -arten

Wirtschaftliche Bedeutung des Tourismus

* Der Tourismus zählt zu den weltweit wichtigsten Wirtschaftsbranchen. Laut Prognosen der UNWTO (Welttourismusorganisation der UN) soll die Anzahl internationaler Touristen von derzeit 1,4 Milliarden auf 1,8 Milliarden (im Jahr 2030) ansteigen.

* Die Einnahmen entstehen durch in Anspruch genommene Leistungen im Transport- oder Beherbergungsbereich (Flug, Übernachtung), in der Gastronomie und in vielen Dienstleistungsbereichen (Gebühr für eine Stadtführung, Kosten für Wellnessanwendungen etc.).

* Davon hängen allein in Deutschland fast 3 Millionen Menschen, die ihren Arbeitsplatz der Tourismusbranche verdanken, ab. Damit ist der Tourismus im Beschäftigungsvergleich enorm wichtig: Nur der Einzelhandel und das Gesundheitswesen beschäftigen in der Bundesrepublik mehr Personen als die Tourismuswirtschaft. Neben den direkt durch den Tourismus geschaffenen Arbeitsplätzen (z. B. in Hotels, in der Gastronomie, in der Reiseleitung) gewinnen auch andere Branchen durch den Tourismus, etwa die Bauwirtschaft und der Handel.

* Rechnet man auch Zulieferbetriebe (Lebensmittellieferungen an Restaurants und Hotels) sowie weitere **vorgelagerte Bereiche** (Renovierungsarbeiten in Hotels, Möbelindustrie etc.) hinzu, wird deutlich, welche weitreichenden Impulse die Branche setzt.

- In Deutschland sorgen Privatreisende für den Großteil der Umsätze, die Ausgaben in Deutschland, die von Geschäftsreisenden getätigt werden, belaufen sich auf 20 %.

- Insgesamt beträgt der Anteil der Tourismusbranche am Bruttonationaleinkommen in Deutschland zwischen 3 und 4 Prozent, in anderen europäischen Staaten ist die Bedeutung wesentlich höher (z. B. in Spanien, Frankreich und Italien).

- Von **wirtschaftlicher Abhängigkeit** kann man in Staaten sprechen, wenn die Tourismusbranche mehr als ein Viertel des BNE ausmacht.

- Trotz regionaler Einbrüche auf dem Tourismusmarkt durch politische Krisen oder Naturgefahren zeigte sich die Branche insgesamt in den letzten Jahrzehnten als wirtschaftlicher Wachstumsträger. Nur die Folgen der Weltwirtschaftskrise (2008/2009) sowie der Covid-19-Pandemie waren auch in der Tourismusbranche zu spüren.

- Weltweit gesehen haben Einbrüche in bestimmten Ländern allerdings kaum Einfluss, da die Urlauber dann verstärkt andere Destinationen ansteuern. Für die betroffene Region jedoch, die beispielsweise mit den Folgen und Zerstörungen eines schweren Erdbebens zu kämpfen hat, kann das Ausbleiben von Touristen starke Einnahmerückgänge bedeuten.

STÄDTETOURISMUS

- Diese Art des Tourismus ist sowohl bei geschäftlichen Reisen (Teilnahme an Fortbildungen, Kongressen, Messen) als auch bei Privatreisenden verbreitet.
- **Kurzreisen** in Großstädte im eigenen Land erfreuen sich seit Jahrzehnten wachsender Beliebtheit.
- Eine Untergruppe bilden sogenannte **Tagesausflügler**, die eine Stadt innerhalb eines Tages erkunden, ohne dabei eine Übernachtung in Anspruch zu nehmen. Umsatz generiert ein Tagesausflug durch Eintrittsgelder, Ausgaben im Einzelhandel sowie in der Gastronomie.
- Im Vordergrund stehen bei Städtereisen je nach persönlichen Vorlieben die kulturellen und architektonischen Highlights einer Stadt. Auch Museen und Ausstellungen, Veranstaltungen sowie das Einkaufen und Bummeln in Großstädten ziehen viele Touristen in die Innenstädte. Für andere ist es gerade das (groß)städtische Flair sowie die **urbane Lebensweise**, die Kurzurlauber anzieht.

Entwicklung des Tourismus

* Gereist wurde in der Menschheitsgeschichte schon immer – jedoch waren Ziele und Personengruppen deutlich eingeschränkt.

* Dass Reisen ein gesellschaftliches Privileg darstellte, änderte sich lange Zeit für einen Großteil der Menschen nicht grundsätzlich. Auch in der ersten Hälfte des 19. Jahrhunderts waren es vor allem wohlhabende Adlige, die verreisten.

* Mit wachsendem Wohlstand und der Verbesserung der Verkehrsinfrastruktur (z. B. Personentransport durch die Eisenbahn) wurde Reisen allmählich auch für die Mittelschicht attraktiv.

* Vereine und erste Reisebüros institutionalisierten das Reisen und organisierten Reisen im Inland, in Deutschland waren Ziele in Mittel- und Hochgebirgen sowie an den deutschen Meeresküsten beliebt.

* Mit mehr verfügbaren Urlaubstagen pro Jahr und einem durchschnittlich gestiegenen Einkommen wurde die **massentouristische Initialphase** eingeleitet. In den 1960er/1970er-Jahren nahm die individuelle Motorisierung zu. Reisen im Inland sowie in den Mittelmeerraum zählten zu den beliebtesten Zielen deutscher Touristen.

* Auch kürzere Flugreisen (z. B. von Deutschland aus nach Nordafrika) wurden allmählich für obere und zunehmend mittlere Einkommensschichten erschwinglich **(massentouristische Expansionsphase)**.

* Bis in die 1990er-Jahre **(massentouristische Reifephase)** erweiterte sich für den deutschen Urlauber der Radius seiner Destination. Die USA sowie Ziele in Asien oder der Karibik standen nun, beworben durch Reisebüros und Anbieter von **Pauschalreisen**, hoch im Kurs. Die Neugier sowie die Möglichkeit und Bereitschaft, für eine Reise einen bestimmten Teil seines Einkommens auszugeben, förderte die Anzahl von **Fernreisen**.

* Mit der deutschen Wiedervereinigung sowie dem Ende des Kalten Krieges standen dann weitere Destinationen zur Auswahl.

* Durch ein computergestütztes Buchen und Organisieren einer Reise von zu Hause aus, ein global ausgebautes Netz an Kommunikations- und Verkehrsinfrastruktur und viele Informationskanäle sind den Zielen des internationalen Tourismus gegenwärtig kaum noch Grenzen gesetzt.

Entwicklung von Räumen durch Tourismus

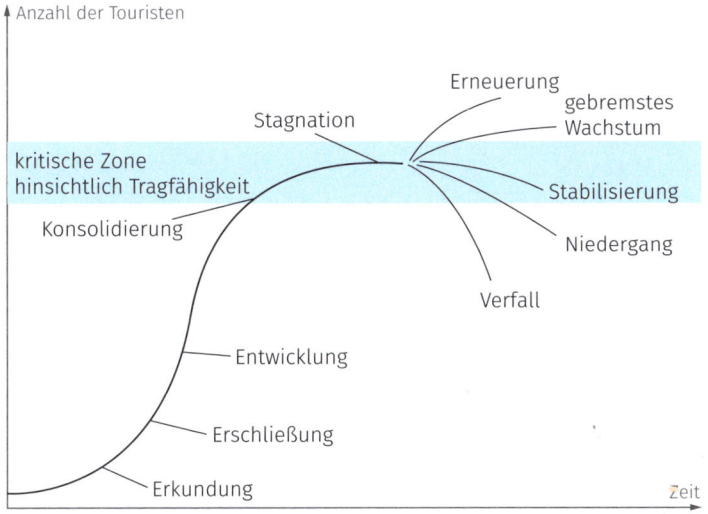

Lebenszyklusmodell nach Richard W. Butler

* Räume durchlaufen ab ihrer Erkundung und Erschließung als Tourismusregion bestimmte Phasen – laut des **Lebenszyklusmodells nach Butler**.

* In der **Erkundungsphase** sind die Räume für einen Großteil der internationalen Touristen noch unbekannt, nur wenige Individualtouristen verirren sich in den touristisch kaum entwickelten Raum.

* Das touristisch hohe Potenzial wird in der nächsten Phase allmählich erschlossen. Infrastruktur wird nach und nach aufgebaut, sodass mehr Urlauber die Region besuchen können.

* In der **Entwicklungsphase** steigen die Besucherzahlen an, weitere Übernachtungsmöglichkeiten entstehen. Durch Werbung oder Pauschalangebote wächst die Bedeutung des Tourismus in der Region, bis sich die Situation auf einem hohen Niveau einpendelt.

* Damit befindet sich der Raum in der sogenannten kritischen Phase hinsichtlich der Tragfähigkeit. Die sozialen und/oder ökologischen Folgen des Massentourismus sind dann so gravierend, dass der Raum keine höhere Zahl an Touristen (er)tragen kann, gleichzeitig kann die Landschaftszerstörung dazu führen, dass das touristische Potenzial unter der Situation leidet.

- In der letzten Phase des Modells gibt es je nach Weiterentwicklung des Raumes die Möglichkeit, dass weiteres Wachstum erfolgt oder die touristische Entwicklung des Raumes niedergeht.

- Die **idealtypische Entwicklung** kann jedoch auch anders verlaufen: Wenn beispielsweise bestimmte Destinationen in Filmen einem Millionenpublikum präsentiert werden und dadurch plötzlich sehr viele diese Filmlocation besuchen wollen, so weicht die Entwicklung möglicherweise vom modellhaften Verlauf ab.

- Denkbar sind auch politische Eingriffe in die Entwicklung, etwa durch die Einführung bestimmter Tourismusgebühren oder Verbote.

- Auch ein **Imageverlust** (durch Unfälle, Umweltskandale o. ä.) kann die Entwicklung einer Tourismusregion massiv beeinträchtigen.

Abi Tipp

EINORDNUNG IN DAS MODELL ÜBEN

→ Üben Sie die Einordnung eines Raumbeispiels in das Destinationslebenszyklusmodell nach Butler ein.

→ Orientieren Sie sich bei der Einordnung in die verschiedenen Phasen etwa an der Anzahl einreisender Touristen; sind es bisher nur vereinzelte Einreisen pro Jahr, handelt es sich wahrscheinlich um die Erkundungsphase, ist die Anzahl der Gäste seit einigen Jahren auf demselben Niveau, könnte das für die Phase der Stagnation sprechen.

→ Achten Sie auch auf das Maß an ausgebauter touristischer Infrastruktur!

→ Verfolgt eine Region momentan einen Imagewandel, indem andere Zielgruppen durch neue Angebote angelockt werden sollen, deutet dies auf die Phase der Erneuerung hin.

→ Beachten Sie in Ihrer Materialanalyse neben dem gegenwärtigen Stand der Tourismusregion auch die bisherige Entwicklung der Destination.

Folgen des Tourismus

Als wirtschaftlich wichtiges Standbein bleibt die Tourismusbranche nicht ohne Folgen für die ökonomische Situation eines Landes. Auch sozial-gesellschaftliche und ökologische Folgen sind je nach Ausprägung des Tourismus enorm.

Mögliche wirtschaftliche Folgen des Tourismus sind zum Beispiel:

1	**Die Tourismusbranche schafft Arbeitsplätze.** Durch direkte und indirekte Beschäftigung werden in Urlaubsregionen viele Arbeitsplätze geschaffen, auch in vorgelagerten Bereichen und in der Zulieferindustrie.
	→ Handelt es sich um saisonal begrenzte Arbeitsplätze?
	→ Um welche Arbeitsplätze handelt es sich?
	→ Werden die Arbeitsplätze von Einheimischen besetzt oder etwa durch Billiglohnkräfte aus dem Ausland?
2	**Die Tourismusbranche generiert Umsatz.** Weltweit zählt die Branche mit zu den umsatzstärksten Branchen, von welcher Staaten (Steuerzahlungen) sowie Einzelpersonen (Einkommen) profitieren.
	→ Ist die Tourismusbranche ein wirtschaftliches Standbein oder befindet man sich bereits in wirtschaftl. Abhängigkeit?
	→ Werden die Einnahmen aus dem Tourismus im Land reinvestiert oder fließen große Teile des Gewinns in das Ausland ab?
3	**Die Tourismusbranche fördert den Ausbau der Infrastruktur.** Um vielen Urlaubern die Anreise in eine bestimmte Region zu ermöglichen, wird zum Beispiel die Verkehrsinfrastruktur ausgebaut, wovon auch Einheimische profitieren.
	→ Befriedigt die ausgebaute Infrastruktur in erster Linie die Bedürfnisse von Touristen?
	→ Leiden Einheimische wohlmöglich unter der ausgebauten Infrastruktur (etwa durch Verkehrslärm)?
	→ Können andere Projekte nicht realisiert werden, weil bevorzugt in Touristeninfrastruktur investiert wird?
4	**Tourismus sorgt für internationalen kulturellen Austausch und Handel.**
	→ Legen Urlauber wirklich Wert auf ein Kennenlernen der vorherrschenden Kultur und Lebensweise?
	→ Bevorzugen Touristen regionale Angebote und Produkte?
	→ Bereiten sich Touristen auf ihre Reisen in das Ausland noch vor oder folgen sie blind den Angeboten des Reiseanbieters?

- Die vier Beispiele machen deutlich, dass die insgesamt positiven Impulse des Wirtschaftssektors je nach Urlaubsregion unterschiedliche Folgen haben können.

- Hohe Anteile des gesamten Reisepreises etwa entstehen durch die Anreise (Fluggesellschaft) und die Organisation (Reiseveranstalter).

Auch die Einnahmen durch die Kosten der Beherbergung werden möglicherweise nicht im Zielland selbst verbucht, etwa weil die Hotelkette im Besitz einer ausländischen Firma ist. So verbleibt nur ein geringer Anteil des Reisepreises im Urlaubsland selbst.

FOLGEN DES TOURISMUS BEURTEILEN

→ In Klausuren oder mündlichen Prüfungen werden Sie eventuell dazu aufgefordert, die Folgen des Tourismus am Beispiel eines bestimmten Ort zu thematisieren.

→ Die Materialien geben in der Regel Hinweise auf mögliche Folgen des Tourismus, die Sie analysieren sollten.

→ Sollte das in der Prüfung zur Verfügung gestellte Material keinerlei Angaben zu Folgen machen, erläutern Sie mögliche typische Folgen der jeweiligen Form des Tourismus. Diese sollten einen klaren Bezug zu dem Raumbeispiel unter den gegebenen Bedingungen darstellen.

→ Achten Sie in einer Beurteilungsaufgabe stets darauf, keine einseitige Argumentationslinie zu verfolgen, sondern – wenn immer möglich – verschiedene Seiten zu beleuchten und im Fazit abzuwägen.

Bereich	Beispiel
Verbrauch an Ressourcen	Urlauber müssen vor Ort versorgt werden, das kann positive Auswirkungen auf die Lebensmittelbranche haben. Müssen für die Urlauber jedoch Waren importiert werden, kann dies das Zielland finanziell belasten. Der Verbrauch an Wasser durch Touristen ist in vielen Urlaubsregionen höher als der Verbrauch der Einheimischen.
Entsorgung	Ab einer bestimmten Anzahl von Touristen erreicht eine Kommune – etwa in der Hauptsaison- möglicherweise die Grenzen der Entsorgungsmöglichkeiten – mit gravierenden Folgen für die Umwelt.
Übernachten	Dass Touristen seit einigen Jahren zunehmend in privaten Unterkünften (statt beispielsweise in Hotels) übernachten, wird nicht von allen Akteuren gutgeheißen. Es wird befürchtet, dass die Anbieter von Ferienappartements als Konkurrent auf dem Wohnungsmarkt auftreten.

Bereich	Beispiel
Anreise und Mobilität	**Verkehrslärm** durch individuelles Anreisen sowie große Flächen, die für Parkplätze verwendet werden, machen vielen Urlaubsregionen zu schaffen. Flugverkehr (Lärm, hohe CO_2-Emissionen) und die Verschmutzung durch Kreuzfahrtschiffe (die meisten Schiffe fahren mit Schweröl und stoßen viele Schadstoffe aus) führen zu massiven Umweltbelastungen.
Flächenverbrauch	Große Urlaubsregionen benötigen gerade in der Hauptsaison viel Platz für den Ausbau touristischer Infrastruktur, wodurch der **Flächenverbrauch** enorm hoch ist.
Landschaftsveränderung	Um dem Touristenansturm gewappnet zu sein, haben einige Regionen massiv gebaut und Infrastruktur sowie Hotels errichtet. Nicht immer wird dabei darauf geachtet, dass sich die Bauweise der Umgebung, der landestypischen Architektur und der Landschaft anpasst, sodass große sogenannte **Bettenburgen** in einer weitgehend versiegelten Landschaft geschaffen werden.
Landschaftszerstörung	Viele Touristen besuchen bestimmte Orte aufgrund malerischer Landschaften – leider sind es häufig auch Urlauber, die diese zerstören und den bestehenden Ökosystemen schaden. Wanderer, die abseits der Wege gehen, Urlauber, die Pflanzen zertreten, Taucher, die Korallen zerstören: Viele Urlauber greifen durch unbedachtes Verhalten massiv in ökologische Kreisläufe ein.
Anzahl an Touristen	Die Anzahl an Urlaubern, die während der Saison einen Ort besucht, ist ein wesentlicher Faktor bei der Beurteilung der Folgen des Tourismus. Bei einem ausgeglichenen Verhältnis zwischen Einwohnern und Touristen kann ein tatsächlicher Austausch zwischen Urlaubern und Einheimischen stattfinden; wird eine Region oder Stadt jedoch regelrecht von Touristenmassen überrollt, ist die soziale sowie ökologische Tragfähigkeit längst überschritten.
Verhalten	Lärmende, stark alkoholisierte und respektlose Urlauber machen es Einheimischen schwer, einen – gegenseitig von Respekt definierten – Austausch zu ermöglichen. Das gilt insbesondere an Orten, die für Einheimische eine religiöse oder sonst außerordentliche Bedeutung haben.

- Die Tourismusbranche ist wirtschaftlich gesehen eine Chance auch für periphere Räume, die zuvor etwa landwirtschaftlich geprägt waren. Je nach Ausprägung jedoch kann diese Chance auf wirtschaftliches

Wachstum zu einer massiven Landschaftsveränderung führen, die gerade in empfindlichen Ökosystemen zu großen Schäden führt.

● Langfristig kann dies zu einer so großen sozialen Überformung führen, dass Einheimische nicht mehr dort wohnen wollen, wo andere Urlaub machen, weil die touristische Erschließung ihres Heimatortes für sie selbst zu einer Belastung wird. Durch die hohe Nachfrage steigen in vielen Tourismusregionen die Preise – auch für Einheimische – sodass sich Bewohner den Alltag in ihrem Wohnort kaum noch leisten können.

TOURISMUS IN DEN ALPEN

Jeder Dritte, der das Bundesland Bayern besucht, gibt an, sein Hauptreisemotiv sei es, seinen Urlaub in den Bergen zu verbringen.

● Das Gebirge im Herzen Europas ist eine sehr beliebte Tourismusregion, die jährlich von rund 100 Millionen Urlaubern besucht wird.

● Einerseits lebt die Attraktivität des Alpenraums von einem intakten Naturraum, andererseits gefährdet der Massentourismus eben diesen.

● Die Branche sichert der gesamten Region Arbeitsplätze und Einkommen, für einige Gemeinden ist die Freizeitwirtschaft nicht mehr nur ein ökonomisches Standbein, sondern wirtschaftlich existenziell.

● Der Alpenraum muss sich trotz seiner Popularität massiver Konkurrenz stellen; um weiterhin an der Spitze der beliebtesten Urlaubsregionen zu bleiben, standen in der jüngsten Vergangenheit v. a. der Ausbau der touristischen Infrastruktur sowie die Erweiterung der Angebotspalette im Vordergrund, um weitere Ziel- und Altersgruppen anzusprechen.

● Damit durchschneiden viele Straßenkilometer (die meisten Touristen reisen mit dem eigenen Auto an) die Alpenregion, weitere Seilbahnen, Lifte und Pistenkilometer wurden gebaut. Neue Hotelanlagen mit Wellnessbereich und ausreichend vielen Parkplätzen verbrauchen darüber hinaus viel Fläche.

● Neue Anreize wie Hängebrücken oder Seilrutschen werden errichtet, künstliche Attraktionen entwickelt, **Trendsportarten** angeboten.

● Der hohe Verbrauch an Landschaft gerät damit in zunehmende Konkurrenz mit der weiterhin verbreiteten landwirtschaftlichen Nutzung **(Almwirtschaft)**. Damit geht die Gefahr einher, dass sich Ortsbilder langfristig ändern und die kulturelle Identität der Region langsam verloren geht.

- Vor allem bezüglich der Wintersaison gerät der Alpentourismus zunehmend unter Druck, wenn sich die Skisaison aufgrund klimatischer Veränderungen (Klimawandel, Schneefallgrenze, Temperaturniveau für bestimmte Skigebiete) verkürzen sollte.

- Der Ausbau hingegen geht weiter: Skipisten expandieren räumlich, unerschlossene Gebiete werden touristisch zugänglich, Skigebiete schließen sich zusammen, um weiterhin steigende Touristenzahlen zu verzeichnen. Immer neue Hänge werden planiert, Wälder gerodet. Das Gelände wird stark verändert, die Gefahr von Erosion steigt an.

- Wo die Schneedecke nicht mehr reicht, wird mit **künstlicher Beschneiung** nachgeholfen.

- **Kunstschnee** gibt es nicht umsonst, allein die Anschaffungskosten für **Schneekanonen** und die Ausgaben für Energie und Personal sind immens. Zudem bedarf es der **Speicherseen**, in welchen das für die Beschneiung benötigte Wasser gesammelt wird.

- Kritiker verweisen auf die ökologischen Folgen der künstlichen Beschneiung: Kunstschnee sei schwerer als normaler Schnee, daher belaste dieser den Boden. **Schmelzwasser** des Kunstschnees sei darüber hinaus nährstoffreicher und könne zu einer Überdüngung führen. Auch störten die Anlagen Tiere, die in den Alpen leben.

- Im Alpenraum zeigt sich ein ausgeprägter **Flächennutzungskonflikt** um ein empfindliches Ökosystem und eine attraktive Landschaft.

Tourismuspolitische Instrumente

- Die massiven Folgen des Massentourismus lösen vielerorts Proteste aus. Anwohner beklagen die Landschaftsveränderungen, lehnen eine steigende Anzahl an Touristen ab oder sind gezwungen, Besucher ganz offen darum zu bitten, möglichst respektvoll mit ihrer Heimat umzugehen.

- Reiseveranstalter informieren ihre Gäste über Möglichkeiten, etwa Wasser- und Energiekosten einzusparen.

- Akteure der Tourismusbranche verständigen sich generell auf einen tourismuspolitischen Kurs, den man vor Ort verfolgt. Setzt man zum Beispiel weiterhin auf eine große Menge an Pauschalurlaubern oder möchte man ein neues touristisches Profil schaffen und sich zukünftig auf Luxusurlauber spezialisieren?

- Diese Ausrichtung einer Destination kann sowohl Verbote oder Vorgaben als auch das Erheben zusätzlicher Gebühren (etwa zur Reinigung von Strandabschnitten oder der Pflege der touristischen Infrastruktur) beinhalten. Auch das **Lenken von Besucherströmen** kann Teil einer solchen Ausrichtung sein, notfalls auch das langfristige Sperren ganzer Räume (beispielsweise wurde die Maya-Bucht in Thailand aufgrund massiver Zerstörungen des Ökosystems für Touristen gesperrt. Der Strandabschnitt war durch einen Film weltberühmt geworden).

- Für einige Akteure ist auch das Festlegen einer Obergrenze für die Anzahl an Touristen innerhalb eines Jahres oder einer Saison denkbar, um das Verhältnis Anzahl der Einwohner – Anzahl der Touristen zu koordinieren.

PROBLEMFELD ZWEITWOHNSITZ?

In einigen Tourismusregionen greift ein neues Phänomenen um sich, das der **Zweitwohnsitze**.

- So kaufen sich Wohlhabende an einem Urlaubsort ein eigenes (Ferien)haus oder eine Wohnung und können dort Urlaub machen, ohne eine Beherbergung zu buchen.
- Kommunalpolitiker kritisieren, dass die Häuser in der Regel nur wenige Tage im Jahr bewohnt werden – wenn die Besitzer Urlaub an ihrem Zweitwohnsitz machen – den Rest des Jahres allerdings stünden die Immobilien leer. Damit entwickelten sich, so die Befürchtung, regelrechte Geisterdörfer. Die Urlauber überformen auf diese Art kleinere Gemeinden, deren kulturelles Erbe im schlimmsten Fall verloren gehen könnte. Einheimische können sich die oft stark ansteigenden Immobilienpreise – aufgrund der hohen Nachfrage an Zweitwohnsitzen – nicht leisten und müssen wegziehen.

Alternative sanfter Tourismus?

- Ausgehend von der Überlegung, dass attraktive Räume der Grundstein für einen erfolgreichen Tourismus in der Zukunft sind, wurden alternative Ansätze für **zukunftsfähige Tourismusformen** entwickelt. Viele Akteure der Branche haben erkannt, dass die regelrechte Ausbeutung z. B. der alpinen Landschaft langfristig zu einem Niedergang des Tourismus führen könne. Denn mit einer Landschaftszerstörung würden massive wirtschaftliche Einbrüche (durch das Wegbleiben von Touristen) einhergehen.

- Die Schönheit einer Landschaft zu erhalten und gleichzeitig Einkommen für Einheimische durch Tourismus zu erzielen – das ist (auf eine kurze Formel gebracht) das Ziel des **sanften Tourismus**. Das Konzept erfordert zunächst den Übergang zu umweltschonenden und an die Region **angepassten Tourismusformen** und Aktivitäten.

- Je nach Region bedeutet sanfter Tourismus auch den Stopp weiterer Bautätigkeiten, um eine zunehmende Versiegelung des Bodens zu verhindern und das Ursprüngliche einer Landschaft zu bewahren.

- Um gerade den Ski- und Wintertourismus **nachhaltig** zu gestalten, müssten sich Verantwortliche um ein Anpassen ihrer Angebote an den Klimawandel und seine voraussichtlichen Folgen bemühen.

- Sanfter Tourismus benötigt daher, wenn er in ganzen Regionen vorherrschend sein soll, die Mitarbeit vieler Akteure auf allen Ebenen sowie ein schlüssiges sowie verbindliches Konzept. Dieses umfasst idealerweise alle Bereiche des Angebots: Von der Anreise, über Mobilität und Aktivitäten vor Ort, bis hin zur Versorgung der Urlauber.

NACHHALTIG VERREISEN

- Urlauber informieren sich vor der Reise über die Region und bereiten sich auf die Reise vor.
- Touristen überdenken die Wahl ihres Verkehrsmittels für ihre Anreise.
- Vor Ort nutzen Urlauber, wenn sie individuell angereist sind, die öffentlichen Verkehrsmittel der Zielregion oder nutzen die speziellen Mobilitätsangebote für Urlauber (z. B. vergünstigte Tickets für Hotelgäste, Beförderung durch einen Wanderbus).
- Urlauber bevorzugen Beherbergungsmöglichkeiten, die architektonisch an das Landschaftsbild angepasst sind und achten darauf, von wem das Hotel /die Pension betrieben wird. So sollen die Übernachtungskosten den Einheimischen zugute kommen, indirekt durch Steuerzahlungen auch dem Ort selbst, und nicht etwa ausländischen Großkonzernen, die Hotelketten besitzen.
- Urlauber versorgen sich mit regionalen Produkten und achten möglichst darauf, in der Region hergestellte Lebensmittel zu konsumieren.
- Auch bei kleinen Geschenken, die aus dem Urlaub mitgebracht werden, verzichten die Touristen auf kitschige Souvenirs, die gar nicht in der Region selbst hergestellt werden.
- Urlauber sind den Einheimischen gegenüber aufgeschlossen und interessieren sich für deren Kultur, Geschichte und Alltag.
- Touristen gehen während ihres Urlaubs Aktivitäten nach, die im Einklang mit der Natur stehen und diese nicht zerstören.

Tourismus in Entwicklungsländern

Eine Safaritour in afrikanischen Savannen unternehmen oder das lebendige Treiben eines Basars in einer Millionenstadt erleben – längst hat die internationale Tourismusbranche Entwicklungs- und Schwellenländer als „neue" Destinationen für sich entdeckt.

Voraussetzungen

* Viele **Entwicklungs- und Schwellenländer** bieten dem internationalen Tourismus etwas an, was an anderen Destinationen verloren zu sein scheint: ursprüngliche Landschaften, teils unberührte Natur. Das Angebot an naturräumlicher Attraktivität ist groß, zumal Touristen so ganz neue Kontinente und Landschaftszonen in ihrem Urlaub erleben können (*Beispiel*: Tropischer Regenwald, Savanne, Tundra).

* Auch soziokulturelle Faktoren spielen beim breiten Angebot von Entwicklungs- und Schwellenländern eine Rolle: Straßenhändler zu beobachten, traditionelles Handwerk zu erleben und für die Urlauber ungewöhnliche Verkehrsmittel und bisher unbekannte Lebensmittel auszuprobieren ist bei einem Urlaub möglich, ohne dass Siedlungen, Landschaften und Traditionen schon allzu sehr von ausländischen Touristen überformt worden sind.

* Reisekonzerne fördern durch Werbung für das „Exotische" und „Unberührte" in Entwicklungs- und Schwellenländern die Nachfrage.

* Teils günstige Wechselkurse, verringerte Reisekosten und zahlreiche Informationsmöglichkeiten über die Zielländer begünstigen das Interesse an Zielen in Entwicklungs- und Schwellenländern.

* Vor Ort sind viele Zielregionen längst auf den wachsenden Tourismusverkehr eingestellt, sodass das Angebot an Beherbergungsmöglichkeiten, Transportdienstleistern, Wechselstuben und Anbietern anderer touristischer Dienstleistungen gewachsen ist.

* Neben den Großstadtregionen profitieren auch **periphere Räume** in Entwicklungs- und Schwellenländern durch den Tourismus.

Entwicklung und Erschließung

* Den idealtypischen Verlauf der Erschließung dieser Räume für den internationalen Tourismus beschreibt Karl Vorlaufer in seinem Modell.

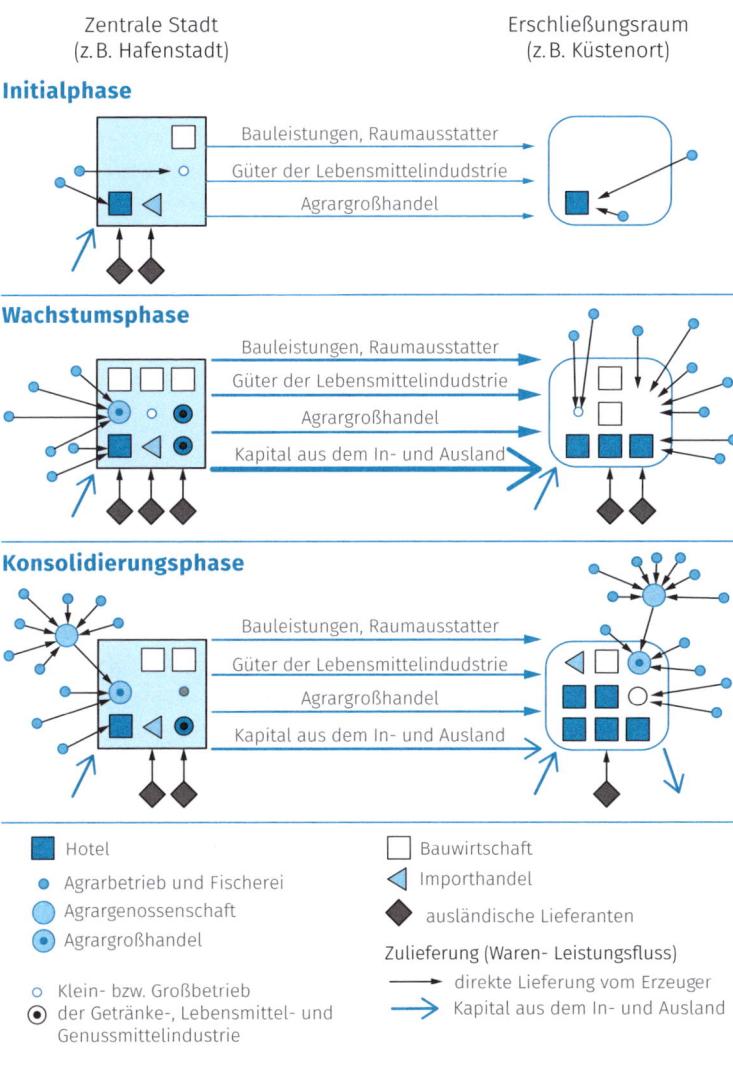

Modell von Karl Vorlaufer zur Erschließung der Räume im internationalen Tourismus

* In der **Initialphase** wird ein Ort abseits der zentralen Stadt (Großstadt, häufig die Hauptstadt eines Landes) erschlossen. Hierzu werden einige wenige Gebäude errichtet (z. B. ein Hotel), welches von regionalen Anbietern beliefert wird. Die meisten Güter jedoch, die für das Betreiben des Hotels sowie für den Bau und die Ausstattung des Gebäudes benötigt werden, kommen aus der zentralen Stadt.

- In der zweiten Phase des Modells entwickelt sich der **Erschließungs-raum** allmählich zu einem zweiten Zentrum des Landes, weil dort mehr Hotels entstehen und die Bauwirtschaft selbst dort ansässig wird. Lieferanten sowie Kapitelzuflüsse erreichen den Ort erstmals direkt. Das Maß an Zulieferung aus dem zentralen Ort nimmt in dieser **Wachstumsphase** jedoch auch zu. Beispielsweise wird Kapital aus der zentralen Stadt heraus im Erschließungsort investiert.

- In der **Konsolidierungsphase** nimmt das Ausmaß an Zulieferungen aus der zentralen Stadt heraus wieder ab, im Gegenzug hat sich der ehemalige Erschließungsort als eigenständiger Hotspot für den internationalen Tourismus etabliert. Die touristische Infrastruktur ist weit ausgebaut, sogar Standorte des Agrargroßhandels sowie des Importhandels lassen sich hier finden. Über sogenannte *backward linkages* entsteht im Erschließungsraum eine eigene Regionalwirtschaft, Personal und Ressourcen vorausgesetzt. Erstmals werden die ehemaligen Erschließungsräume in dieser Phase selbst zu Zentren der touristischen Erschließung, sodass von hier aus Investitionen in die nächsten peripher gelegenen Räume gelangen. So kann – dem Modell folgend – eine systematisch geplante Erschließung vieler Räume innerhalb eines Landes geschehen. Der Bedeutungsüberschuss der zentralen Stadt schrumpft stufenweise, weil es auch Fachpersonal in die Erschließungsräume zieht. Hinsichtlich einiger Funktionen jedoch bleibt der hohe Rang der zentralen Stadt bestehen, etwa in Bezug auf die Anreise. Internationale Flughäfen existieren in der Regel dort, sodass Touristen über diese zentrale Stadt in das Land ein- bzw. ausreisen. Auch befindet sich in der zentralen Stadt oft weiterhin das kulturelle Zentrum, was ebenfalls Touristen anzieht.

Bedeutung des Tourismus

- Tourismus in Entwicklungs- und Schwellenländern ist längst kein Nischengeschäft mehr, gerade dieser Bereich zählte in den letzten Jahrzehnten zu den dynamisch wachsenden Bereichen der Branche.

- Regional ist die Entwicklung ansteigender Touristenzahlen in Entwicklungs- und Schwellenländern jedoch differenzierter zu betrachten, da Sicherheitsprobleme im Land, Entführungen von Touristen oder der Ausbruch von Krankheiten immer wieder zu massiven Einbrüchen führen können.

- Auch verteilen sich die großen Besucherströme, die es in Entwicklungs- und Schwellenländer zieht, nicht gleichmäßig auf die vielen verschiedenen Destinationen. Ein Großteil der Reisenden konzentriert sich auf nur wenige Entwicklungsländer.

- Für viele Länder ist die Tourismusbranche ein wichtiges wirtschaftliches Standbein, für einige Entwicklungsländer bedeutet es die Chance auf eine deutliche Reduktion der im Land verbreiteten Armut. Daher unternehmen einige Länder einen staatlich gelenkten Ausbau des Tourismusgeschäfts, um folgende Ziele zu erreichen:

1	**Arbeitsplätze für Einwohner schaffen und Armut verringern:** Die Tourismusbranche bietet viele verschiedene Arbeitsstellen an. Gerade in peripheren Räumen, die etwa von Subsistenzwirtschaft geprägt sind, stellen Arbeitsstellen im Tourismusbereich oft die einzigen Stellen dar. Im Gegensatz zu anderen Wirtschaftssektoren, in denen die Abgeschiedenheit des Ortes einen Nachteil darstellt, bringt ein peripherer Raum für einige Tourismusarten Standortvorteile mit sich. Vom ungelernten Angestellten bis zum qualifizierten Fachpersonal stehen in der Branche viele Arbeitsstellen im formellen Sektor bereit, wodurch die Chance auf existenzsichernde Löhne für die Angestellten besteht.
2	**Devisen einnehmen:** Die **Deviseneinnahmen** spielen für Entwicklungsländer eine große Rolle hinsichtlich ihrer Handelsbilanz. Steigen die Deviseneinnahmen durch den Zustrom an internationalen Touristen an, verbessert sich die Zahlungsbilanz eines Landes (es kann dann wiederum mehr importiert werden).
3	**Disparitäten verringern:** Dieses Motiv spielt in einigen staatlichen Tourismusplänen ebenfalls eine Rolle, da viele Entwicklungsländer über extrem ausgeprägte regionale und soziale Disparitäten verfügen. Gerade Räume in der Peripherie könnten von dem internationalen Tourismus profitieren. Einige Beispiele haben allerdings auch das Gegenteil bewiesen, bestehende Disparitäten wurden noch verstärkt.

Auswirkungen des Tourismus

- Mögliche positive Folgen des Tourismus in Entwicklungs- und Schwellenländern sind eine steigende Beschäftigung der Bürger und damit eine Senkung der Arbeitslosenquote sowie die **Stärkung des formellen Sektors** (im Gegensatz zum ausgeprägten informellen Sektor). Mit einem regelmäßigen Einkommen könnten die Existenz ganzer Familien und Haushalte gesichert sowie die Steuereinnahmen für den Staat gesteigert werden.

- Traditionelle Geschlechterrollen können eventuell gelockert werden, wenn sowohl Frauen als auch Männer existenzsichernde Löhne im Tourismussektor verdienen.

- Die Tourismusbranche bietet Personen Arbeitsstellen an, die auf dem normalen Arbeitsmarkt benachteiligt sind, etwa weil sie über keine oder wenig Qualifikationen verfügen.

- Höhere Steuereinnahmen könnten im Entwicklungsland für einen weiteren Ausbau der Infrastruktur sowie für Projekte im Bildungs- oder Gesundheitsbereich verwendet werden.

- Mit einem wachsenden BIP weckt das Entwicklungs- oder Schwellen- land möglicherweise das Interesse von Investoren für ADIs an.

- Hinsichtlich der erwarteten positiven ökonomischen Effekte ist an- zumerken, dass qualifiziertes Fachpersonal häufig aus dem Ausland kommt, um etwa große Hotelketten, die ihren Sitz nicht im Entwick- lungsland selbst haben, zu managen. Dann wäre ein hoher Devisen- abfluss die Folge.

- Das Interesse internationaler Touristen an der einheimischen Kultur und Architektur kann dazu führen, dass Einrichtungen wiederbelebt, Museen modernisiert und Anlagen erhalten werden können, weil sie durch Eintrittsgelder und Fördermaßnahmen finanziert werden.

- Investitionen in kulturelle Güter setzen allerdings eine **good gover- nance** voraus, sodass Gelder entsprechend verwendet werden und nicht etwa in den Taschen korrupter Personen landen.

- Auf der anderen Seite besteht die Gefahr der **Akkulturation**, wenn sich Einheimische durch den Einfluss hoher ausländischer Besu- cherströme an fremden Kulturen orientieren. So werden beispiels- weise westliche Werte und Verhaltensmuster durch Touristen in jede Urlaubsregion der Welt transportiert.
Als mögliche Konsequenz dieser Akkulturation steht das allmähliche Auflösen und Überformen, teils sogar der Verlust der eigenen Kultur. Traditionen und Bräuche, gepflegt durch Musik, Kleidung, Feste, ver- kommen mehr und mehr zum Schauspiel für Touristen.
In einigen Ländern bedingte die Tourismusbranche sogar die Prostitu- tion von Frauen, Männern und Kindern (**Sextourismus**).

- Aus Gründen der Attraktivität für den Tourismus werden bestimmte Naturräume erhalten und geschützt. So kann Tourismus indirekt der Auslöser für **Naturschutz** in einem Entwicklungsland sein.

◆ Gleichzeitig kann das Ausweisen von Nationalparks oder der Bau touristischer Infrastruktur zur Verdrängung Einheimischer (z. B. durch Zwangsumsiedlungen) führen.

TOURISMUS   Checkliste

Überprüfen Sie ihre Kenntnisse zu folgenden Bereichen:
→ Unterscheidung von Individualtourismus und Massentourismus
→ Tourismusarten
→ touristisches Potenzial eines Raumes
→ Städtetourismus, Motive für Kurzreisen
→ zeitliche Entwicklung des Tourismus, Benennung der verschiedenen Phasen
→ Entwicklung von Räumen durch Tourismus (Modell)
→ wirtschaftliche Folgen der Tourismusbranche, wirtschaftliche Bedeutung des Sektors
→ typische Folgen des Massentourismus
→ Tourismus im Alpenraum erläutern
→ Probleme des Wintertourismus in den Alpen
→ Tendenzen des Ausbaus von Sommer- und Wintertourismus in den Alpen
→ Flächennutzungskonflikte zwischen Tourismusbranche, Einwohnern, Urlaubern, Naturschützern
→ Instrumente der Lenkung von Besucherströmen
→ ein touristisches Profil herausarbeiten
→ Problemfelder von Zweitwohnsitzen
→ Merkmale des sanften Tourismus
→ Notwendigkeit neuer tourismuspolitischer Ansätze begründen
→ typische Eigenschaften und Beispiele für einen sanften Urlaub benennen
→ Voraussetzungen für Angebot und Nachfrage nach Urlaub in Entwicklungs- und Schwellenländern
→ Charakteristika der Tourismusbranche in Entwicklungsländern
→ Wirtschaftliche Bedeutung der Branche für Entwicklungsländer
→ Phasenmodell touristischer Erschließung in Entwicklungsländern beschreiben
→ Chancen und Probleme in Entwicklungsländern durch die Tourismusbranche

GLOBALISIERUNG

Übersicht

Waren aus Übersee, weltweite Kommunikations- und Verkehrsnetze, Verreisen in ferne Länder: Globale Prozesse spielen in der Geografie eine große Rolle. Wenngleich die Globalisierung ein abstrakter und umfassender Prozess ist, verursacht sie in der Praxis ihre Konsequenzen ganz offenkundig: Durch sie verändern sich etwa Grundsätze der Standortsuche, durch sie wird eine weltweite Arbeitsmigration möglich. Wir alle leben mit und von den Prozessen der Globalisierung, die einem ständigen Wandel unterlegen sind. Der Austausch in einer globalisierten Welt ruft viele Vorteile hervor, Kritiker warnen gleichzeitig vor den negativen Folgen der Globalisierung.

ZUM BEGRIFF GLOBALISIERUNG

- **Globalisierung** bedeutet eine weltweite Vernetzung.
- Verschiedene Kontinente und Staaten, aber auch Individuen sind über den gesamten Erdball miteinander verbunden.
- Globalisierung betrifft die **ökonomische Ebene** (Unternehmen kaufen und verkaufen weltweit), den **politischen Bereich** (Staaten gehen Verträge miteinander ein), die **gesellschaftlich-kulturelle Ebene** (Austausch verschiedener Kulturen) sowie weitere Bereiche wie Wissenschaft, Forschung, Finanzen, Kommunikation und Umwelt.

Voraussetzungen für die Globalisierung

Globalisierung ist kein neues Phänomen des 21. Jahrhunderts – einen weltweiten Austausch von Waren gab es bereits vor vielen Jahrhunderten.

- Menschen aller Kontinente waren an internationalen Konflikten wie etwa dem Ersten Weltkrieg beteiligt.
- Auch Wettbewerbe, internationale Organisationen, Auszeichnungen und bedeutende Verträge, die weltumspannend sind, verdeutlichen, dass Globalisierung im Grunde eine alte Erscheinung ist.
- Verstärkt wurden die Prozesse seit der Zeit der Industrialisierung sowie durch bedeutende Erfindungen.

- Im Bereich der Kommunikation ist die Telegrafie zu erwähnen, die Anfang des 20. Jahrhunderts eine drahtlose Kommunikation über geografisch große Räume ermöglichte (transatlantische Funkübertragung im Jahr 1901). Weitere Innovation in der Kommunikationstechnik wie Telefonie, Fax, Internet und das mobile Telefonieren und Surfen stellen wichtige Voraussetzungen für die Globalisierung dar. Ohne das verlässliche, schnelle und günstige Kommunizieren wären zentrale Prozesse der Globalisierung kaum denkbar.

- Im Bereich des Transports gab es ebenso frühe Erfindungen, die das Versenden von Waren international ermöglichten, jedoch gilt die Entwicklung der **Dampfmaschine** als wichtigster früher Motor für einen schnelleren Transport von Personen und Handelsgütern. Der Transport per Dampfschiff oder Eisenbahn erlaubte höhere Reisegeschwindigkeiten und machte den Transport unabhängiger von natürlichen oder tierischen Quellen der Fortbewegung (wie etwa bei einem Segelschiff oder einer Kutsche). Mit der Erfindung des **Dieselmotors**, dem weit verbreiteten motorisierten Individualverkehr sowie weiteren Verkehrsträgern lassen sich heute Räume schnell und günstig miteinander verbinden. Ohne das weltweit ausgebaute Verkehrsinfrastrukturnetz wäre ein globaler Warenaustausch undenkbar.

- Neben den innovativen Erfindungen spielen auch die Transport- und Kommunikationskosten eine Rolle – diese sind in den letzten 80 Jahren massiv gesunken. Der Kommunikationssektor ist längst ein Massenmarkt geworden. Die Kosten für Telefonie und Internet haben sich deutlich reduziert, die Anzahl der (früher sehr kostspieligen) Telefonate in das Ausland hat sich dementsprechend vergrößert. Statistisch gesehen hat nahezu jeder Erdenbürger einen Mobilfunkvertrag, fast jeder Zweite nutzt das Internet. Diese Durchschnittswerte lassen allerdings deutliche regionale Unterschiede bei der Verbreitung von Kommunikations- und Informationstechnologie außen vor.

- Neben der Technologie ist für eine globale Kommunikation die Verbreitung von Sprachen wesentlich. In über 50 Staaten weltweit ist Englisch die Amtssprache, in mehr als 20 weiteren Ländern wird sie als Geschäftssprache angewandt. Auch für viele internationale Organisationen (UN, NATO) ist Englisch die verwendete Sprache. Viele Menschen weltweit sprechen mindestens zwei Sprachen, weil sie z.B. Englisch als Fremdsprache gelernt haben.

- Auch im Logistiksektor befruchten stark sinkende Kosten bei Luft- und Seefracht den internationalen Warenaustausch. Gleichzeitig profitiert die Branche von der Globalisierung, weil Dienstleistungen rund um Transport und Logistik stärker nachgefragt werden.

* Zuletzt stiegen die Energiekosten massiv an, wodurch man ansteigende Preise für den Transport von Waren erwarten könnte. Dies ist bislang jedoch nicht der Fall, das Volumen der zu transportierenden Waren steigt nach wie vor an. Zudem ist der Anteil der Transportkosten (und damit der Energiekosten) am Endprodukt so gering, dass der Verbraucher die steigenden Kosten für Energie noch nicht zu spüren bekommt.

* Eine weitere Voraussetzung für einen globalen Handel ist die **Liberalisierung** des Handels sowie des Finanzmarkts, sodass in einer globalisierten Welt frei mit Waren, Dienstleistungen und Kapital gehandelt werden kann. Ein wesentlicher Baustein im Bemühen, Zölle und Importbeschränkungen zu reduzieren, war das im Jahr 1948 in Kraft getretene **GATT-Abkommen** (General Agreement on Tariffs and Trade, Allgemeines Zoll- und Handelsabkommen). Handelshemmnisse wie Zölle wurden sukzessive abgebaut, sodass ein liberalisierter Außenhandel entstehen konnte.

* Das Abkommen ging im Jahr 1996 in die **WTO** (World Trade Organization, Welthandelsorganisation) über. Mit über 160 Mitgliedsstaaten verfolgt die WTO das Ziel eines freien Welthandels, indem Zölle sowie **Protektionismus** bekämpft werden.

Prozesse und Institutionen der Globalisierung

FINANZ- UND WIRTSCHAFTSKRISE 2008/2009

* Durch den weltweiten Handel mit Waren und Dienstleistungen, den liberalisierten Geldmarkt und die starke weltweite Vernetzung entwickelte sich aus einer **Immobilienkrise** eine **globale Finanz- und Wirtschaftskrise**.
* Auch räumlich gingen die Folgen weit über die USA hinaus, wo die Immobilienkrise im Jahr 2007 begann.
* In fast allen Teilen der Welt konnte man die Folgen der Krise in den Jahren 2008/2009 spüren.

- Immobilienpreise in den USA, die zuvor jahrelang gestiegen waren, stagnierten. Der Wiederverkaufswert vieler Häuser stagnierte oder fiel, gleichzeitig stiegen die Zinsen an, sodass viele Kreditnehmer ihren Kredit nicht mehr abbezahlen konnten.
- Die Kredite wiederum wurden weltweit in Form von Wertpapieren gehandelt.
- So waren von der Immobilienkrise nicht nur US-amerikanische Banken betroffen, sondern auch Unternehmen, die nicht direkt am Finanzmarkt agieren.
- Finanzielle Probleme bei namhaften Banken und eine allgemeine Verunsicherung führten dann – auch durch die globale Vernetzung – zur weltweiten **Wirtschaftskrise**.
- Das BIP vieler Industrieländer schrumpfte im Jahr 2009, das geschah zum ersten Mal seit Ende des Zweiten Weltkriegs.
- Auch der globale Handel litt unter den Folgen der Krise, Warenimport und -export verringerten sich zwischen 2008 und 2009 massiv.

Welthandel

- Besonders deutlich zeigen sich die Prozesse der Globalisierung am internationalen **Warenhandel**.
- Zwar ist seit 1960 auch das Volumen der produzierten Güter gestiegen, um ein Vielfaches jedoch vergrößerte sich stetig der weltweite Export von Gütern. (Ausnahmen bestanden lediglich in den Jahren 1975 und 2009). Ab 1990 zeigt sich ein besonders starker Anstieg des Warenexports.

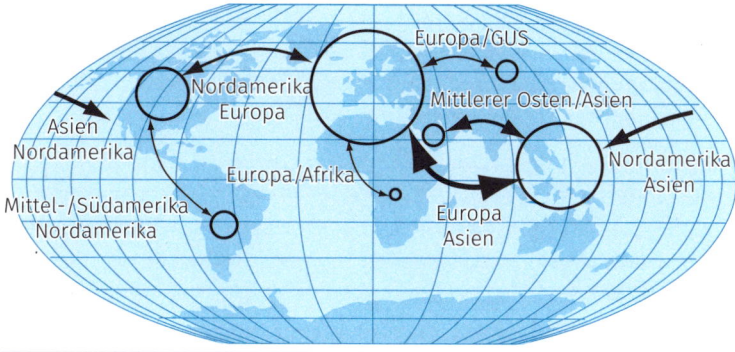

Internationale Handelsströme

- Ein Großteil der Güter wird weltweit produziert, um ihn anschließend zu exportieren.

- Auch die deutsche Wirtschaft ist stark exportorientiert, der Wert der Warenausfuhr liegt seit vielen Jahren über dem Wert der importierten Güter (positive **Handelsbilanz**). In den letzten Jahren stellte die deutsche „**Exportnation**" diesbezüglich neue Rekordwerte auf, wurde mittlerweile jedoch durch den „Exportweltmeister" China abgelöst.

- Der Welthandel entsteht durch eine **internationale Arbeitsteilung**, in welcher jeder Staat die Güter herstellt oder Dienstleistungen bereitstellt, für welche er die jeweiligen Kapazitäten hat (z. B. Rohstoffe, weiterverarbeitende Industrien, Know-how der Arbeitskräfte, Flächenverfügbarkeit). So können bestimmte Länder von dem *outsourcing* (siehe Seite 116) anderer profitieren. Damit ergibt sich international ein großes Warenangebot sowie ein intensiver Austausch zwischen den Staaten durch Import und Export.

- Trotz eines weltweiten Absatzmarktes konzentrieren sich große Teile des Welthandels noch immer in wenigen Wirtschaftsräumen. Mehr als die Hälfte des Exports, der weltweit gehandelt wird, entfällt auf die **OECD-Staaten** (siehe Seite 77).

- Warenströme zwischen Europa, Nordamerika und Teilen Asiens nehmen eine derart große Stellung ein, dass man hier von den **Triade-Regionen** spricht. Der Handel innerhalb der Triade fördert die wirtschaftliche Stellung untereinander und sorgt für eine ökonomische Stärkung der drei Großregionen. Kritiker verbinden mit der Dominanz der Triade eine Abschottung gegenüber anderen Regionen, die gleichberechtigt am Welthandel teilnehmen möchten.

- Neben der Dominanz bestimmter Räume am Welthandel wird ein weiteres Merkmal der Welthandelsströme deutlich: Der Stellenwert des **intraregionalen Handels** übertrifft das Handelsvolumen zwischen verschiedenen Großregionen.

- Das Beispiel Europa verdeutlicht dies: In Europa hergestellte Exportgüter werden zu zwei Dritteln in Staaten innerhalb Europas verkauft. Damit bleibt für Europa sowie für die anderen beiden Triade-Räume die eigene Region trotz globaler Absatzmöglichkeiten der wichtigste Handelspartner.

- Daher spielen Wirtschafts- und Staatenbündnisse bei der ökonomischen Dimension der Globalisierung eine besondere Rolle.

1	**Asiatisch-Pazifische Wirtschaftsgemeinschaft (APEC):** 21 Mitgliedsstaaten (z. B. Australien, China, Russland, USA, Chile) verfolgen seit 1989 das Ziel, eine Freihandelszone im pazifischen Raum zu entwickeln. Aufgrund der Vielzahl der Mitgliedsstaaten, unter denen sich große und bevölkerungsreiche Länder befinden, lebt knapp die Hälfte der globalen Bevölkerung in Staaten, die der APEC angehören.
2	**Europäische Union (EU):** Staatenbund mit 27 Mitgliedern, großer gemeinsamer Wirtschaftsraum mit mehr als 500 Mio. Einwohnern, der Vorgänger der heutigen EU (EGKS) wurde 1951 gegründet.
3	**Gemeinsamer Markt für das Östliche und Südliche Afrika (COMESA):** Gründung im Jahr 1994 als Nachfolgeorganisation der PTA. Die derzeit 21 Mitglieder verfolgen das Ziel einer Freihandelszone. Eine Zollunion wurde bereits zwischen einigen Mitgliedsstaaten gegründet, dieser Prozess ist jedoch noch nicht abgeschlossen.
4	**United States-Mexico-Canada Agreement (USMCA):** Nachfolgeabkommen des Nordamerikanischen Freihandelsabkommens NAFTA (gegründet im Jahr 1989) zwischen den USA, Mexiko und Kanada, welches im Juli 2020 in Kraft trat. Dem Wirtschaftsverband der drei Mitgliedsstaaten gehören über 460 Mio. Menschen an.
5	**Verband südostasiatischer Nationen (ASEAN):** Die 10 Mitgliedsstaaten des südostasiatischen Raums verfolgen eine wirtschaftliche Zusammenarbeit, sie kooperieren auch in politischen und sozialen Bereichen sowie in Fragen der Sicherheit und der Umwelt. Der ASEAN-Region gehören über 600 Mio. Einwohner an.
6	**Westafrikanische Wirtschaftsgemeinschaft (ECOWAS):** internationale Organisation, die im Jahr 1973 gegründet wurde. Mit 15 Mitgliedsstaaten umfasst die ECOWAS mehr als 300 Mio. Einwohner in den Ländern Westafrikas.

- Träger der Weltwirtschaft sind neben großen Wirtschaftsbündnissen global agierende Großunternehmen, die sogenannten **Global Player** bzw. **TNU**.

- **Transnationale Unternehmen** (oder Multinationale Unternehmen, **MNU** bzw. Transnationale Konzerne, TNC) sind in der Lage, die Vorteile, die sich aus der weltweiten Verflechtung ergeben, optimal auszunutzen. Sie kaufen und verkaufen international, transferieren und investieren weltweit und sind in ihrer Aktivität keinem einzelnen Staat zuzuordnen.

- Mit ihrem System aus Tochterunternehmen und Fusionen sowie ihrem weltweiten Transfer von Know-how und Kapitel beeinflussen sie ökonomische Prozesse der Globalisierung entscheidend.

- Die Zahl an TNU ist in den letzten Jahrzehnten gestiegen, Ende der 1960er-Jahre ging man von etwa 10.000 TNUs aus, 50 Jahre später stieg die Anzahl auf über 80.000.

- Bekannte Unternehmen sind beispielsweise Autohersteller wie Toyota, Volkswagen und Ford, Mineralölkonzerne wie Exxon Mobil, BP sowie Firmen wie Apple, Google oder Microsoft.

- Die Vermögenswerte einiger namhafter TNUs, hierzu gehören etwa Gebäude, Anlagen, Wertpapiere, Waren und Patente, gleichen teilweise dem Niveau des BIP von wirtschaftsstarken Industrie- und Schwellenländern.

- Innerhalb der Gruppe der TNUs konzentrieren sich wiederum die Vermögenswerte auf eine kleine Gruppe der Konzerne: Etwa ein Viertel des Umsatzes (der 100 größten TNUs) entfällt auf nur zehn Großunternehmen.

Logistik

- Viele Prozesse der Globalisierung wären im 21. Jahrhundert ohne eine **Raumüberwindung** kaum denkbar. Diese wiederum ist auch abhängig von einem funktionierenden und an den Bedarf angepassten Verkehrsinfrastrukturnetz.

- Mobilität und Logistik verbinden Menschen, Räume und transportieren täglich Tonnen von Gütern.

- Das bleibt nicht ohne Folgen: In Europa hat z. B. die Gütertransportmenge seit 1980 deutlich zugenommen, ebenso wurde ein Großteil des Transports von der Schiene auf die Straße verlagert.

- Der hohe Flächenverbrauch für Verkehrsflächen führt zu steigender Versiegelung des Bodens, die **Lärm- und Luftbelastung** (durch Schadstoffe, Rußpartikel) durch Logistikdienstleister ist hoch – das scheint der Preis zu sein für eine weltweit ausgebaute Logistikinfrastruktur mit kurzen Lieferzeiten für Waren aus aller Welt.

- Heute wird ein Großteil der Handelsgüter in **Containern** transportiert, diese haben die weltweite Logistik ab den 1960-er/1970er-Jahren revolutioniert.

- Erfunden wurde der Container von dem Unternehmer Malcolm McLean.

CONTAINER – INSTRUMENT DER GLOBALISIERUNG

- Der Container hat ein Einheitsmaß, z. B. das **TEU** (Twenty-feet Equivalent Unit).
- Damit sind die Container weltweit **standardisiert** und ermöglichen so ein schnelles Be- und Entladen in den Häfen.
- Container können auf Containerschiffen entsprechend der Schiffsroute gestapelt werden – Container, die im ersten Hafen von Bord kommen, liegen z. B. ganz oben.
- Kräne hieven die Container in kurzer Zeit an bzw. von Bord, sodass die Liegegebühren im Hafen verringert werden.
- Das Laden und Umsetzen von Containern benötigt wenige Arbeitskräfte, auch hierdurch konnten Kosten für Löhne eingespart werden.
- Große Häfen dienen als Knotenpunkte, von hier aus können die Container weiter in kleinere Häfen transportiert werden.
- Die **Transportkette** kann auch über den **multimodalen Verkehr** weitergeführt werden, weil große Containerschiffe bestimmte Häfen oder Orte nicht anfahren können.
- So sind häufig verschiedene Verkehrsträger daran beteiligt, Produkte zwischen Herkunfts- und Zielort zu transportieren.
- Container können in Häfen direkt auf Eisenbahn bzw. Lkw umgeladen werden, damit die Waren auf der Schiene oder der Straße zu ihrem Bestimmungsort gelangen.

- Der Containertransport macht weltweit, gemessen am Gewicht und zurückgelegter Strecke auf See, den zweitgrößten Anteil an der **Seefracht** aus. Das wichtigste Gut, welches per Schiff transportiert wird, ist Öl. Der Seehandel insgesamt ist ein stark nachgefragter Logistikbereich, weil die Kosten im Gegensatz zu anderen Transportmöglichkeiten relativ niedrig sind.

- Das Frachtaufkommen ist allein ab dem Jahr 2000 um mehr als die Hälfte gestiegen.

- Der wachsende Containerverkehr zog weitreichende Folgen in der Logistikbranche nach sich. In den Container-Terminals großer Häfen werden nur noch wenige Arbeitskräfte benötigt.

- Reedereien passten sich der Nachfrage an und bauten immer größere Containerschiffe, die mehr Container pro Fahrt aufnehmen können.

- Was auf hoher See von Vorteil sein mag, führt zu Problemen in einigen Häfen: Nicht alle Häfen haben Kapazitäten für derart große Schiffe, sodass die Infrastruktur für die Schifffahrt an vielen Stellen ausgebaut werden musste (z. B. Kapazität von Kanälen und Schleusen, Hafenanlagen wurden erweitert, Hafenbecken ausgebaggert).
  → Deutschlands größter Containerhafen in Hamburg verfügt über eine Umschlagskapazität von rund 12 Millionen TEU pro Jahr.
  → Im weltweiten Vergleich wird deutlich, dass dieser Wert lediglich knapp ein Drittel der Kapazität ausmacht, die asiatische Containerhäfen in Shanghai, Shenzen (beides in China) oder Singapur bereitstellen.

- Während der Seefrachtverkehr für Massenwaren aller Art geeignet und relativ kostengünstig ist, verursacht der Transport per Flugzeug höhere Kosten und hohe Schadstoff-Emissionen. Daher ist das Gewicht der insgesamt per **Luftfrachtverkehr** transportierten Waren sehr gering, der Wert der beförderten Güter jedoch ist hoch.

- Bestimmte Warengruppen werden bevorzugt per Luftfracht versendet:
  → verderbliche und empfindliche Waren (Lebensmittel; lebende Tiere), die schnell transportiert werden müssen
  → wichtige Ersatzteile für Maschinen
  → sehr hochwertige Waren (optische Instrumente, Medizintechnik)
  → Luftpost
  → saisonabhängige Produkte (Textilien) und Waren, die Trends unterliegen und somit schnell ausgeliefert werden müssen
  → Hilfsgüter (z. B. bei Naturereignissen)

- Bezogen auf den Anteil am grenzüberschreitenden Frachtaufkommen gibt es deutliche räumliche Konzentrationsprozesse: Zwischen Nordamerika und Asien, Nordamerika und Europa sowie zwischen Asien und Europa werden die meisten Güter per Flugzeug transportiert.

- Neben dem Frachtverkehr spielt auch der **Personentransport** im Luftverkehr eine bedeutende Rolle, zumal mittlerweile über eine Milliarde Menschen pro Jahr als Passagiere an Bord gehen (Auslandsflüge).

- Auch beim Personentransport ergeben sich Konzentrationen: Die meisten Flugkilometer wurden grenzüberschreitend innerhalb Europas und Asiens getätigt. Auf Platz drei in der Rangliste der meisten Passagier-Kilometer folgen Flüge zwischen Europa und Nordamerika.

- Diese Daten unterstreichen, dass in Zeiten der Globalisierung trotz ausgebauter Kommunikationstechnologie persönliche Kontakte gewünscht sind. Die internationale Arbeitsteilung, *outsourcing* und letztlich auch der Ferntourismus bedingen viele (Flug)reisen.

- Für Flugpassagiere haben sich in den letzten Jahren neue Möglichkeiten ergeben, zwischen etablierten Fluggesellschaften und sogenannten **Billigfliegern** zu wählen.

- Die Branche muss sich der neuen Konkurrenz stellen - und das unter einem enormen Kostendruck (auch durch steigende Energiekosten).

Kulturelle Globalisierung?

Containerverkehr und eine globale ökonomische Verflechtung scheinen weit weg zu sein vom Alltagsgeschehen, und doch beeinflussen Globalisierungsprozesse unser Leben. In den Bereichen Mode, Konsum, Unterhaltung und Kommunikation werden globale Muster deutlich.

- Große Ketten von Fast Food-Anbietern erobern (fast) die ganze Welt. Von der ersten **McDonalds**-Filiale (Kalifornien, USA, 1940) aus verbreitete sich der Konzern mit Restaurants in über 110 Ländern.

- Einige Produkte sind den räumlich-kulturellen Gegebenheiten angepasst, dagegen wurde das Design der Verpackungen internationalisiert, ebenso werden Werbespots produziert, die weltweit gesendet werden.

- Weltweit ähnliche Kampagnen gehen auch von großen Modeketten aus, damit verbreiten die Hersteller von Kleidung bestimmte Modestile und ästhetische Vorstellungen und verdrängen möglicherweise alte Stoffe und traditionelle Muster.

- Auch im Freizeitbereich ist man durch Musik und Film einem gewissen internationalen Geschmack ausgesetzt, erfolgreiche Unterhaltungssendungen beispielsweise folgen nahezu weltweit den gleichen Mustern, erfolgreiche Quizsendungen oder Shows vor allem englischsprachiger Länder sind oft Vorbild für vergleichbare Sendungen in anderen Ländern.

- Der Anbieter Netflix ist in mehr als 190 Staaten weltweit verfügbar.

Globale Städte/*Global Cities*

* Wie der Container fast sinnbildlich für den globalen Warentransport steht, repräsentiert die **global city** die Steuerung globaler wirtschaftlicher Prozesse.

* In ihr konzentrieren sich derart viele Zentralen von global agierenden Unternehmen, Finanzinstituten, internationalen Organisationen und ein hohes Maß an politischer Funktion, dass von *global cities* als Knoten- und Steuerungspunkt gesprochen werden kann.

* Damit geht die Definition einer *global city* weit über den Begriff einer Megastadt hinaus; zwar haben *global cities* in der Regel auch eine hohe Einwohnerzahl und eine große Bedeutung für die eigene Nation, globale Städte jedoch sehen sich als Schaltstellen einer globalen Welt.

* Bei der Einschätzung von Machtfülle und Internationalität einer Stadt kann man sich an folgenden Kriterien für *global cities* orientieren:

1	**Geschäftsaktivität:** Standorte von Hauptquartieren internationaler *global player*, hohe ökonomische Bedeutung des Standorts, Sitz einer Börse
2	**Politische Aktivität:** Sitz bedeutender überstaatlicher Institutionen (UN, NGOs)
3	**Kulturelle Aktivität und Humankapital:** Sitz bedeutender Institutionen, kulturelle Vielfalt, hohes kulturelles Angebot, Zugang zu Medien, hoch qualifizierte Arbeitskräfte
4	**Verkehr:** Knotenpunkt des Verkehrs- und Transportnetzes (z.B. Drehkreuz für den Flugverkehr eines ganzen Kontinents oder Großraums)

* Da Definition und Datengrundlagen nicht immer übereinstimmen, kommen verschiedene Autoren zu unterschiedlichen Ergebnissen bezogen auf das Ranking der *global cities*.

* Orientiert man sich an den aktuellen Ergebnissen des **Global City Index** (**GCI**), liegen die Städte New York, London, Paris und Tokyo auf den ersten vier Plätzen des Global-City-Rankings.

* Weitere asiatische und US-amerikanische Städte folgen in der Rangliste, erst mit Sydney (Platz 11) und Brüssel (Platz 12) kommen auch Städte anderer Kontinente in dem Klassement vor.

* Eine deutsche Stadt sucht man unter den Top Ten vergebens.

Die Europäische Union (EU)

● Im Jahr 1951 wurde der Grundstein gelegt für eine wirtschaftliche Zusammenarbeit zwischen den sechs Gründungsmitgliedern der **Europäischen Gemeinschaft für Kohle und Stahl** (EGKS, **Montanunion**). Sechs Jahre später unterschrieben die Staaten Frankreich, Italien, Deutschland, Belgien, Niederlande, Luxemburg die Römischen Verträge, die als Dokument der Gründung der **Europäischen Wirtschaftsgemeinschaft (EWG)** gelten.

● Ab 1967 arbeiteten die europäischen Länder unter dem Namen **Europäische Gemeinschaft (EG)** zusammen, nach Inkrafttreten des Vertrags von Maastricht im Jahr 1993 änderte sich der Namen auf **Europäischen Union (EU)**.

● Aus der Gemeinschaft, die nach Ende des Zweiten Weltkriegs vor allem den Wiederaufbau und den Wiederaufstieg Europas sowie die Bereiche Kohle und Stahl im Blick hatte, hat sich ein großer Staatenbund entwickelt. Mehr als 500 Mio. Menschen leben in Ländern der EU, die Union selbst ist ein bedeutender Wirtschaftsraum und besitzt überstaatliche Einrichtungen (EU-Gerichtshof, EU-Parlament).

● Längst arbeiten die Mitgliedsstaaten der EU nicht mehr nur in Fragen der ökonomischen Entwicklung zusammen. Auch Fragen der Sicherheits-, Außenpolitik, der Umwelt- und Verkehrspolitik, Bildungsfragen und Belange des freien Wettbewerbs werden in den verschiedenen Gremien der EU verhandelt.

- Wenngleich unterschiedliche nationale Interessen Verhandlungen und Entscheidungen etwa zu einer einheitlichen Außenpolitik erschweren, bietet die EU allgemein großen Wohlstand und Sicherheit (HDI-Wert von 0,89).

- Die EU hat einen Beobachterstatus bei den **G7-Verhandlungen**.

- Ab 1973 traten mit der **Westerweiterung** (Dänemark, Irland, Vereinigtes Königreich), der **Süderweiterung** (1981: Griechenland; 1986: Spanien, Portugal), der kleinen (1990) und großen **Osterweiterung** (2004) sowie der **Norderweiterung** (1995) viele Staaten der Europäischen Union bei.

- Zuletzt wurden Rumänien und Bulgarien (2007) sowie Kroatien (2013) Mitglieder des Staatenbundes.

- Seit 2002 gilt in vielen EU-Staaten die einheitliche Währung (Euro) als Zahlungsmittel.

- 2016 entschieden sich die Bürger des Vereinigten Köigreichs für den Austritt aus der EU (**Brexit**).

- Die Verhandlungen über den Beitritt der Türkei ruhen.

- Weitere potenzielle Beitrittskandidaten sind zum Beispiel Serbien und Albanien.

- Die vier Freiheiten des EU-Binnenmarkts sind:

1	**Personenverkehr:** EU-Bürger können sich frei bewegen, Grenzkontrollen entfallen, Kontrollen an den EU-Außengrenzen können verstärkt werden, Bürger können Arbeit in anderen EU-Staaten annehmen.
2	**Warenverkehr:** Der Handel zwischen den Mitgliedsstaaten wird vereinfacht, indem keine Zölle für Waren erhoben werden.
3	**Dienstleistungen:** Auch die Märkte für Finanzdienstleistungen, Kommunikation oder Energieversorgung sind geöffnet.
4	**Kapital**: Ein freier Wertpapierhandel und ein Transfer von Geldern ist für jeden EU-Bürger möglich.

- Weder der Kontinent Europa, noch die Staaten der EU sind homogen. Unterschiedliche historische Prozesse, verschiedene naturräumliche Gegebenheiten und nationale Interessen verdeutlichen, dass die Zusammenarbeit mit mehr als 20 Staaten eine große Herausforderung darstellt.

* Unter dem Wahlspruch „In Vielfalt geeint" muss die EU den vielen ökonomischen und humanitären Herausforderungen der Gegenwart begegnen.

* Eines von vielen Tätigkeitsfeldern der EU ist ihre eigene **Regionalpolitik**, um auf das Wohlstandsgefälle innerhalb der Union zu reagieren.

* Auf der einen Seite existieren sehr reiche europäische Staaten (z. B. Luxemburg), auf der anderen Seite jedoch gibt es Mitgliedsstaaten, deren wirtschaftliche Leistungen deutlich unter dem EU-Durchschnitt liegen, was zu großen **räumlichen Disparitäten** innerhalb der EU führt.

* Die EU reagiert auf die Schere zwischen Arm und Reich mit **Strukturfonds für regionale Entwicklung**.
    → **Europäischer Fond für regionale Entwicklung** (EFRE): Investitionen in Infrastruktur, Förderung von Unternehmen des Mittelstands, die langfristig Arbeitsplätze in der Region erhalten sollen.
    → **Europäischer Sozialfond**: Förderung von Bildungssystemen, um Personen in der Region einen besseren Zugang in die Arbeitswelt zu ermöglichen.
    → **Kohäsionsfond**: Förderung von Maßnahmen (im Bereich Infrastruktur, Umweltpolitik) in Regionen, dessen BIP/Kopf ein Mindestmaß im Vergleich zum EU-Durchschnitt unterschreitet.

* Darüber hinaus verfolgt man an Außengrenzen vieler Länder die Idee einer **grenzüberschreitenden Zusammenarbeit**. Gerade periphere Regionen leiden oft unter Wettbewerbs- und Standortnachteilen.

* Die grenzüberschreitende Zusammenarbeit jedoch versucht, diese in Vorteile umzuwandeln, indem der europäische Nachbarstaat in Fragen der Infrastruktur, des kulturellen Angebots, der Wirtschaftsförderung und des Umweltschutzes miteinbezogen wird.

* An Deutschlands Außengrenzen bestehen über 20 **Europaregionen** (auch **Euregios**) mit deutscher Beteiligung.

* Die erste Euregio wurde bereits im Jahr 1958 zwischen den Niederlanden (Twente, Achterhoek) und Deutschland (Münsterland, Osnabrück, Teile des Emslandes) gegründet.

Wirtschaftliche Entwicklung durch Globalisierung?

Viele Länder sind weltweit miteinander verflochten – damit ergibt sich auch die Frage, ob sich durch die Globalisierung Chancen auf eine wirtschaftliche Entwicklung für unterentwickelte Länder ergeben können.

Die Voraussetzungen wären durch die Liberalisierung des Welthandels und den Abbau von Zollschranken durchaus gegeben, dennoch besteht das Risiko, dass nur Arbeitsschritte in Entwicklungsländer ausgelagert werden, die einen hohen Personaleinsatz erfordern, und daher weiterhin nur Niedriglöhne gezahlt werden können.

* Einige Entwicklungs- und Schwellenländer versuchen daher, über andere Wege eine angemessene Teilhabe an der Globalisierung zu erreichen.
* Damit reagieren die Staaten auf den Wunsch vieler TNUs, möglichst kostengünstig in verkehrsgünstiger Lage zu produzieren.

Abi Tipp

ÜBERWINDUNG VON DISPARITÄTEN DURCH GLOBALISIERUNG

→ Prägen Sie sich für eine Prüfung die wichtigsten Wirtschaftsbündnisse mit jeweils einigen dazugehörigen Mitgliedsstaaten ein.

→ Lernen Sie darüber hinaus, die vielen Fachbegriffe in diesem Kapitel zu unterscheiden; verwechseln Sie beispielsweise nicht SWZ mit EPZ.

→ Stehen Sie der Frage, inwieweit sich Prozesse der Globalisierung als Chance für eine Entwicklung deuten lassen, kritisch gegenüber.

→ In einer mündlichen Prüfung können Sie beispielsweise auf das Beispiel China verweisen, welches sich nach der Öffnung des Landes schnell von einem Agrarstaat zu einer Exportnation entwickelte – dieses Beispiel sollte jedoch nicht ohne Weiteres auf andere Länder übertragen werden.

→ Beachten Sie, dass Großkonzerne vor allem die Maximierung ihres Gewinns im Blick haben und die Steuervergünstigungen und die Befreiung von Zöllen Teil der Unternehmensstrategie sein können.

→ Inwieweit Staaten langfristig von SWZ oder EPZ profitieren, kann nur im Einzelfall durch Ihre genaue Analyse geklärt werden.

→ Erwägen Sie auch, bei einem Erfolg durch SWZ, das Entstehen neuer Disparitäten innerhalb des Landes, wenn z. B. Küstenstädte wirtschaftlich erfolgreich sind, das Binnenland jedoch wirtschaftlich zurückbleibt.

* In **Sonderwirtschaftszonen** (**SWZ**, im Englischen *Free Production Zone,* **FPZ**), die von Staaten ausgewiesen werden, bietet man Großunternehmen Flächen und Gebäude mit großen Standortvorteilen an. Besondere Vergünstigungen, eine ideale Lage für den weltweiten Handel sowie eine ausgezeichnete Infrastruktur sollen Konzerne anlocken, dort zu produzieren.

* Ein wesentliches Merkmal der SWZ sind die Steuervergünstigungen, die von staatlicher Seite gewährt werden.

* Besonders arbeitsintensive Waren werden weltweit in SWZ hergestellt, die Standortvorteile in diesen räumlich festgelegten Zonen konkurrieren mit anderen, „freien" Standorten weltweit. Jedoch machen sich auch Zonen untereinander gegenseitig Konkurrenz, indem Staaten weitere Vergünstigungen anbieten (etwa wenige Umweltauflagen, weitere Steuervergünstigungen). Dann besteht die Gefahr, dass Konzerne von einer SWZ in eine andere Zone umziehen.

* In über 100 Ländern bestehen derzeit Sonderwirtschaftszonen.

* Um Kapital in das geöffnete Land zu locken, wurden in der Volksrepublik China bereits vor Jahrzehnten besondere Zonen ausgewiesen. Damit sollten vor allem **Ausländische Direktinvestitionen** (**ADI**, im Englischen *Foreign Direct Investments*, **FDI**) angelockt werden. So entstanden seit den 1980er-Jahren diverse geöffnete Wirtschaftszonen, geöffnete Küstenstädte sowie Sonderwirtschaftszonen an der Küste des Ostchinesischen Meers.

* Viele der Unternehmen, die in den chinesischen Sonderwirtschaftszonen produzieren, werden als *Joint Venture* geführt, bei dem mindestens zwei Unternehmen zusammenarbeiten. Ein chinesischer Partner bietet etwa Grundstück, Gebäude und Arbeitskräfte, der ausländische Unternehmenspartner dagegen steuert zum Beispiel Know-how, Kapitel und Technologie bei.

- Besondere Zollbedingungen und Vergünstigungen für die Steuerlast von Unternehmen gelten auch in **Exportproduktionszonen (EPZ)**.

- Hierbei handelt es sich ebenfalls um räumlich abgegrenzte Gebiete, in welchen Unternehmen investieren sollen.

- In EPZ werden allerdings ausschließlich Waren produziert, die für den weltweiten Export gedacht sind.

MAQUILADORA-INDUSTRIE

- Ein Beispiel für die **Auslagerung von arbeitsintensiver Produktion** in großem Stil ist die *Maquiladora*-**Industrie** in Mittelamerika.
- Als *Maquiladoras* werden die Betriebe im Norden Mexikos bezeichnet.
- Hier werden in zollfreien Zonen halbfertige Waren bzw. Einzelteile zusammengesetzt, sodass sie als Fertigwaren exportiert werden können.
- Die Einzelteile stammen aus den USA, gefertigt wird das Endprodukt in Mexiko.
- Unternehmen nutzen hierdurch die niedrigeren Löhne mexikanischer Arbeitskräfte aus.
- Häufig gelangen die fertigen Waren nach der Montage wieder in die USA zurück.
- Das System der *Maquiladoras* ist unter ökologischen und sozialen Aspekten umstritten, wurde jedoch in anderen Staaten Mittelamerikas ebenfalls etabliert.

- Als **Freihandelszone** (im Englischen *Free Trade Zone*, **FTZ**) dagegen bezeichnet man einen Raum, in welchem eine regionale Handelsliberalisierung zwischen zwei oder mehreren Staaten im Vordergrund steht.

- Abkommen zwischen Staaten sollen ebenfalls den Handel untereinander fördern, so etwa das **Freihandelsabkommen** zwischen China, Australien, Japan, Südkorea, Neuseeland und den ASEAN-Staaten, welches im Jahr 2020 unterzeichnet wurde.

- Die Staaten handeln untereinander, ohne gegenseitig Zölle zu verlangen.

Globale ökologische und soziale Probleme

- So wie die ökonomische Verflechtung durch die Globalisierung Gewinner und Verlierer hervorbringt, enden soziale und ökologische Probleme ebenso wenig an Staatsgrenzen.

- Mit den Folgen kriegerischer Auseinandersetzungen etwa müssen sich nicht nur Anlieger beschäftigen, durch Migrations- oder Flüchtlingsströme und die Koordination **humanitärer Hilfe** sind Länder weltweit betroffen. Entsprechend sind auch **Hilfsorganisationen** international aufgestellt, das **Rote Kreuz** beispielsweise stellt einen großen, fast weltweit vertretenen Zusammenschluss aus Angestellten, aktiven Helfern und Unterstützern dar.

- **Kinderarbeit**, fehlende Chancengleichheit, verbreitete Mangelernährung oder **Menschenrechtsverletzungen** sind auf der ganzen Welt vertreten – entsprechend werden sie auch global thematisiert und bekämpft.

- Auch andere Organisationen (z. B. NGOs), die sich für Verbraucherrechte oder gegen Umweltzerstörung einsetzen oder Globalisierungskritiker (z. B. das Netzwerk **Attac**, die Vereinigung zur Besteuerung von Finanztransaktionen im Interesse der Bürger) sind international vernetzt, um Informationen über Missstände aufzubereiten und globale Aktionen sowie Proteste zu organisieren.

Globale Landnahme – *landgrabbing*

- Über Direktinvestitionen sichern sich einige Länder große Flächen an **Agrarland**, um fruchtbares Land für den Anbau von *cash crops* zu sichern, die dann dem Export dienen.
- Manchmal stehen für die Landnahme im Ausland auch Süßwasserreserven oder das Sichern von Rohstoffen im Vordergrund.
- Ein häufiges Motiv für **landgrabbing** ist der Anbau von *food crops* oder **Energiepflanzen**, um den Bedarf an Nahrungsmitteln bzw. Energiepflanzen für die eigene Bevölkerung zu sichern. Weil die naturräumlichen Voraussetzungen das nicht immer ermöglichen, erwerben oder pachten ausländische Konzerne oder Staaten großflächig Ländereien im Ausland.

- Für die kleinbäuerlichen Strukturen der Länder, in welchen *landgrabbing* betrieben wird, hat das gravierende Folgen: Die existenzsichernde **Subsistenzwirtschaft** wird verdrängt, weil die Landwirte den Zugriff auf das Land, welches oft seit Generationen durch ihre Familie bewirtschaftet wird, verlieren.
- Einige Bauern werden sogar vertrieben. Vielen Verträgen mangelt es an Rechtssicherheit und Transparenz.

- Ökologische Probleme betreffen in der Regel mehrere Staaten, manche dieser Probleme haben aber auch globales Ausmaß.

- Während deutsche Wälder vor allem mit Verlusten durch Stürme und dem Befall durch den Borkenkäfer zu kämpfen haben, müssen sich Wälder weltweit an veränderte klimatische Bedingungen anpassen, was für Waldbesitzer eine große Herausforderung darstellt.

- Der **Waldverlust** ist in manchen Staaten, gemessen am Gesamtbestand, immens hoch. Die Weltgemeinschaft hat dabei oft nur die fünf Staaten im Blick, in denen mehr als die Hälfte des globalen Waldbestands liegt (etwa der Boreale Nadelwald in Teilen Russlands, der Tropische Regenwald im brasilianischen Amazonasgebiet). Rodung und **Entwaldung** sind insgesamt jedoch globale Probleme, die das Weltklima entscheidend mitbestimmen, sodass auch Themen der **Wiederaufforstung** globale Bedeutung haben.

- Damit einher geht die Frage nach **Biodiversität** und **Artensterben**. Werden Lebensräume in Agrarflächen umgewandelt, massive Pestizidmengen ausgebracht und auch die Weltmeere dem anthropogenen Einfluss ausgesetzt, erhöht sich die Zahl **bedrohter Arten**.

- Wenngleich nicht alle Arten auf der Liste bedrohter Tierarten stehen, gilt beispielsweise die **Überfischung** der Meere als globales Problem der Menschheit. Ein erhöhter Fischkonsum hat bei einer ansteigenden Weltbevölkerung trotz Ausweitung der Zucht (in **Aquakultur**) zu bedrohten bzw. überfischten Beständen geführt.
  → Nur ein Umdenken der Konsumenten sowie internationale Verträge können das Überfischen der Meere noch stoppen.

- Die generelle Frage nach Überschreiten der **Tragfähigkeit** eines Raums in Bezug auf den Verbrauch an Ressourcen ist ein globales Problem, da in fast allen Großregionen der Welt der **ökologische Fußabdruck** die **Biokapazität** des Raumes übersteigt.

- Ressourcen werden schneller verbraucht, als sie nachwachsen können, dadurch ergibt sich ein **ökologisches Defizit**, das viele Länder durch Handel auszugleichen versuchen.

- Das medial präsenteste, ökologische globale Problem ist sicherlich die anthropogen bedingte **Erderwärmung**. Durch das menschliche Handeln (Energieerzeugung, Rodung, landwirtschaftliche Nutzung) werden Treibhausgase freigesetzt, die Folgen für die ganze Welt haben können.

GLOBALISIERUNGSKRITIK

Die Folgen der Globalisierung haben in vielen Teilen der Welt auch Kritiker und Globalisierungsgegner auf den Plan gerufen, die mit Protesten und anderen Aktivitäten auf die durch die Prozesse der Globalisierung hervorgerufenen Probleme aufmerksam machen.

→ Verschiedene Netzwerke und Organisationen verfolgen dabei mit ihrer Globalisierungskritik unterschiedliche Aspekte.

→ Entsprechend unterscheiden sich die geforderten Maßnahmen deutlich voneinander.

→ Viele Globalisierungskritiker verurteilen etwa Kinderarbeit, Ausbeutung von Arbeitskräften, Menschenrechtsverletzungen sowie den massiven Eingriff in Ökosysteme. Generelle Kapitalismuskritik wird ebenso geäußert.

→ Manche sehen in der globalen ökonomischen Verflechtung gar eine Kontinuität kolonialer Strukturen, Einzelpersonen und Kleinbauern stehen etwa der Machtfülle global agierender Großkonzerne gegenüber.

→ Medial präsent wird der Protest gegen Globalisierungsprozesse vor allem während der **G7-Gipfeltreffen**, bei denen sich die Staats- und Regierungschefs der wichtigsten Industrienationen treffen.

→ Parallel zur Globalisierung entwickelten sich Gegenmodelle, die etwa einen **gerechten Handel** ohne Ausbeutung anstreben (Befürworter geben hier das Beispiel von *fair-trade*-Produkten an).

→ Umstritten ist das Konzept des **Protektionismus**, bei welchem Staaten ihre eigenen Waren gegenüber Waren aus dem Ausland (z. B. durch Schutzzölle) „beschützen", denn dies stellt einen Widerspruch zum globalen freien Handel dar.

GLOBALISIERUNG **Checkliste**

Überprüfen Sie ihre Kenntnisse zu folgenden Bereichen:

→ Definition Globalisierung
→ Voraussetzungen für die globale Verflechtung in den Bereichen Kommunikation, Information, Verkehr und Logistik, Sprache, Liberalisierung der Märkte
→ GATT-Abkommen
→ WTO
→ Entstehen und Auswirkungen der weltweiten Finanz- und Wirtschaftskrise 2008/2009
→ Charakteristika des Welthandels
→ Bedeutung des intraregionalen Handels
→ Handelsbilanz
→ Triade des Welthandels
→ Wirtschafts- und Staatenbündnisse
→ *Global Player*, Trans- bzw. Multinationale Unternehmen
→ Merkmale von *Global Cities*
→ ausländische Direktinvestitionen
→ Wirtschaftssystem eines *Joint Venture*
→ *Maquiladora*-Industrie
→ Unterschiede zwischen Freihandelszone, Exportorientierter Zone und Sonderwirtschaftszone
→ ökologische Folgen von Verkehrsströmen
→ Container und ihre Wichtigkeit
→ Transportketten (multimodaler Verkehr)
→ Folgen der Zunahme der Containerschifffahrt
→ Vorteile der Seefracht gegenüber der Luftfracht (und umgekehrt)
→ Entwicklungen in der Luftfahrt (Personentransport)
→ Anzeichen der kulturellen Globalisierung
→ Globale soziale und ökologische Probleme
→ *landgrabbing*
→ Forderungen der Globalisierungsgegner
→ Protektionismus
→ Gründung und Entwicklung der Europäischen Union (EGKS, EWG, EG, EU, Gründungsmitglieder), zentrale Etappen der europäischen Einigung
→ Mitgliedsstaaten der EU
→ Disparitäten innerhalb der EU
→ Instrumente der Regionalpolitik (Strukturfonds)
→ grenzüberschreitende Zusammenarbeit (Euregio)

STICHWORTVERZEICHNIS